최이진의
POP 편곡법
with KONTAKT

최이진 지음

최이진의
POP 편곡법
with KONTAKT

초판 발행 2018년 1월 3일

지은이 최이진

펴낸곳 도서출판 노하우
기획 현음뮤직
진행 노하우
편집 덕디자인

주소 서울시 관악구 행운동 100-339
전화 02)888-0991
팩스 02)871-0995

등록번호 제320-2008-6호
홈페이지 hyuneum.com

ISBN 978-89-94404-35-6
값 29,000원

ⓒ 최이진 2018

잘못 인쇄된 책은 구입하신 서점에서 교환해드립니다.
이 책에 실린 내용과 사진은 허락 없이 전재 또는 복제할 수 없습니다.

Thanks to readers
POP Arangement

인생을 바꾸는 한 권의 책

멀티 출판 부문 1위!
독자 여러분! 고맙습니다.

세상을 살다 보면
차라리 죽고만 싶을 만큼
힘들고, 괴로울 때가 있습니다.

하지만, 누가 봐도
힘들고, 괴로워 보이는 사람들은
오히려 그 속에서 피와 땀을 흘려가며
가슴속 깊이 전해지는 감동을 만들어냅니다.

도서출판 노하우는
힘들게 공부하는 사람들과
함께하는 작은 디딤돌이 되겠습니다.

힘들고, 괴로울 때
내가 세상의 빛이 될 수 있다는
꿈과 희망을 품고 열심히 공부하세요
멈추지 않는다면, 꿈은 반드시 이루어집니다.

그 곁에 도서출판 노하우가 함께 하겠습니다

고맙습니다.

CONTENTS
POP Arangement

PART 1 | Exploring Kontakt |

01 기본 기능 익히기   10
- 라이브러리   12
- 미디와 오디오 채널   18
- 메뉴 바   29

02 샘플러 기능 익히기   42
- 악기 만들기   44
- 그룹   56
- 웨이브 에디터   62

PART 2 | 목관 악기 |

01 목관 라이브러리   80
- Performance   81
- Additional Controls   82
- Articulation Edit   85
- Mixer   86
- Ensemble   87

02 플루트   88
- 플루트 솔로   89
- 플루트 솔리   91
- 다른 악기와의 컴비네이션   98

03 오보에 104
- 오보에 솔로 및 솔리 105
- 다른 악기와의 컴비네이션 107

04 클라리넷 110
- 클라리넷 솔로 및 솔리 111
- 다른 악기와의 컴비네이션 117

05 색소폰 122
- 색소폰 솔리 126
- 색소폰 백그라운드 139
- 다른 악기와의 컴비네이션 147

PART 3 | 금관 악기 |

01 금관 라이브러리 156
- Performance 157
- Articulation 158
- Smart Chord 159
- Animator 160
- Control 162
- Sound 163
- Keyswitch 166
- Solo Instrument 167

02 트럼펫과 트롬본 168
- 2개의 트럼펫을 중심으로 한 컴비네이션 170
- 2개의 트롬본을 중심으로 한 컴비네이션 172
- 3개의 트럼펫을 중심으로 한 컴비네이션 175
- 4개의 트럼펫을 중심으로 한 컴비네이션 179

03 혼　　　　　　　　　　　　　　　　　　　　　　　182
- 혼을 중심으로 한 컴비네이션　　　　　　　　　　183

PART 4 | 현 악기 |

01 스트링스 라이브러리　　　　　　　　　　　　190
- Main　　　　　　　　　　　　　　　　　　　191
- Keyswitch　　　　　　　　　　　　　　　　192
- Animator　　　　　　　　　　　　　　　　196
- Articulation　　　　　　　　　　　　　　　198
- FX　　　　　　　　　　　　　　　　　　　199

02 스트링스　　　　　　　　　　　　　　　　　　200
- 선율적 용법　　　　　　　　　　　　　　　　201
- 화성적 용법　　　　　　　　　　　　　　　　212

PART 5 | 리듬 악기 |

01 기타 라이브러리　　　　　　　　　　　　　　222
- Pattern　　　　　　　　　　　　　　　　　223
- Sound　　　　　　　　　　　　　　　　　　227
- Playback　　　　　　　　　　　　　　　　228
- Sound　　　　　　　　　　　　　　　　　　227

02 미디로 표현하는 기타　　　　　　　　　　　　230
- 아르페지오　　　　　　　　　　　　　　　　231
- 해머링과 풀링　　　　　　　　　　　　　　　234
- 초킹　　　　　　　　　　　　　　　　　　　240

03 리듬 섹션에서의 기타 — 244
- 어쿠스틱 기타로 리듬을 새기는 예 — 244
- 2개의 기타로 리듬을 새기는 예 — 225
- 일렉 기타로 리듬을 새기는 예 — 246

04 피아노 라이브러리 — 248
- Alicia's Keys — 249
- 음역의 사운드 특징 — 252
- 기보법 — 253
- 피아노 패턴 — 258

05 리듬 섹션에서의 피아노 — 257

06 베이스 라이브러리 — 274
- Scarbee MM/Pre.Jay-Bass — 273
- 베이스 — 277

07 리듬 섹션에서의 베이스 — 278

08 드럼 라이브러리 — 280
- Studio Drummer — 281
- Grooves — 282
- Option — 283
- Mixer — 284

09 리듬 섹션에서의 드럼 — 289
- 리듬 섹션의 구성 — 290
- 리듬 섹션의 용례 — 291

1

Kontakt 익히기
Exploring Kontakt

Kontakt
기본 기능 익히기

가상 악기는 Kontakt 하나만 있으면 된다는 말이 있습니다. 하드웨어 악기 중에는 기본적으로 제공하는 음색 외에 메모리를 추가하여 확장할 수 있는 고급 제품들이 있습니다. Kontakt은 기본적으로 1,000가지 이상의 음색을 제공하고 있으며, 라이브러리를 추가하여 확장할 수 있는 가상 악기입니다. 추가 라이브러리는 본사(Native-Instruments)는 물론이고, 타사(Third party)에서도 참여를 하고 있기 때문에 현존하는 대부분의 악기를 구현하고 있습니다. Kontakt 하나면 충분하다는 말도 무리는 아닙니다.

Native-Instruments 사는 Kontakt을 포함한 대표 악기들을 패키지로 묶은 KOMPLETE를 판매하고 있으며, 여기에 포함된 Kontakt 라이브러리의 종류는 기본 음색(Factory) 외에 다음과 같은 것들이 있습니다.

● Strings and Cinematic

SYMPHONY ESSENTIALS - WOODWIND SOLO, WOODWIND ENSEMBLE, BRASS SOLO, BRASS ENSEMBLE, STRING ENSEMBLE, SESSION HORNS PRO, SESSION STRINGS PRO, EMOTIVE STRINGS, KINETIC METAL, DAMAGE, ACTION STRIKES, RISE & HIT, ACTION STRINGS, EVOLVE, EVOLVE MUTATIONS, EVOLVE MUTATIONS 2

● Drums and Percussion

DRUMLAB, ABBEY ROAD - 50S DRUMMER, 60S DRUMMER, VINTAGE DRUMMER, 70S DRUMMER, 80S DRUMMER, MODERN DRUMMER, STUDIO DRUMMER, MASCHINE DRUM SELECTION, DISCOVERY SERIES - INDIA, CUBA, WEST AFRICA, BALINESE GAMELAN

● Guitar and Bass

SSESSION GUITARIST - STRUMMED ACOUSTIC, SCARBEE FUNK GUITARIST, SCARBEE - RICKENBACKER BASS, MM BASS, PRE-BASS, PRE-BASS AMPED, MM-BASS AMPED

● Piano and Keys

UNA CORDA, THE GRANDEUR, THE MAVERICK, THE GENTLEMAN, THE GIANT, ALICIA'S KEYS, GEORGE DUKE SOUL TREASURES, VINTAGE ORGANS, SCARBEE - A200, MARK I, CLAVINET/PIANET

라이브러리

Native-Instrument사의 KOMPLETE Ultimate는 KOMPLETE KONTROL SOFTWARE, REAKTOR, KONTAKT 엔진을 바탕으로 15가지 신디사이저와 50가지 라이브러리, 그리고 22가지 이펙트를 패키지로 묶어서 판매하는 상품입니다.
Kontakt은 단품으로도 구매 가능하지만, 대부분 50가지 라이브러리가 포함된 Komplete를 사용하는 경우가 많으므로, 본서도 이를 기준으로 살펴보겠습니다.

KOMPLETE - KONTAKT LBIRARY	
Default	FACTORY RETRO MACHINES MK2
Acoustic Pianos	UNA CORDA THE GRANDEUR THE MAVERICK THE GENTLEMAN THE GIANT ALICIA'S KEYS
Drums and Percussion	DRUMLAB ABBEY ROAD 50S DRUMMER ABBEY ROAD 60S DRUMMER STUDIO DRUMMER ABBEY ROAD VINTAGE DRUMMER ABBEY ROAD 70S DRUMMER ABBEY ROAD 80S DRUMMER ABBEY ROAD MODERN DRUMMER MASCHINE DRUM SELECTION
World instruments	DISCOVERY SERIES: INDIA DISCOVERY SERIES: CUBA DISCOVERY SERIES: WEST AFRICA DISCOVERY SERIES: BALINESE GAMELAN

Organs&Electric Pianos	GEORGE DUKE SOUL TREASURES VINTAGE ORGANS SCARBEE A200 SCARBEE MARK I SCARBEE CLAVINET/PIANET
Acoustic&Electric Guitars	SESSION GUITARIST - STRUMMED ACOUSTIC SCARBEE FUNK GUITARIST
Electric Bass	SCARBEE RICKENBACKER BASS SCARBEE MM BASS SCARBEE PRE-BASS SCARBEE PRE-BASS AMPED SCARBEE JAY-BASS SCARBEE MM-BASS AMPED
Classical instruments	SYMPHONY ESSENTIALS - WOODWIND SOLO SYMPHONY ESSENTIALS - WOODWIND ENSEMBLE SYMPHONY ESSENTIALS - BRASS SOLO SYMPHONY ESSENTIALS - BRASS ENSEMBLE SYMPHONY ESSENTIALS - STRING ENSEMBLE SESSION HORNS PRO SESSION STRINGS PRO
Cinematic	EMOTIVE STRINGS KINETIC METAL DAMAGE ACTION STRIKES RISE & HIT ACTION STRINGS EVOLVE EVOLVE MUTATIONS EVOLVE MUTATIONS 2

THIRD PARTY INSTRUMENTS

Kontakt용 라이브러리는 다른 회사에서도 출시하고 있으며, Add 기능으로 추가하여 사용할 수 있습니다. 이렇게 다른 회사에서 만든 제품을 서드 파티(Third Party)라고 합니다.

● 라이브러리 추가

Kontakt 라이브러리는 설치 타입과 추가 타입의 두 가지 제품이 있습니다. 설치 타입은 Setup 파일을 실행시켜 설치만 하면 되기 때문에 별다른 설명이 필요 없고, 라이브러리 추가 방법만 살펴보겠습니다.

01. 라이브러리 창의 Add Library 버튼을 클릭합니다.

02. 폴더 찾아 보기 창이 열리면, 라이브러리 파일이 있는 폴더를 선택하고, 확인 버튼을 클릭합니다. 라이브러리 파일 포맷은 NICNT, NKC, NKX 입니다.

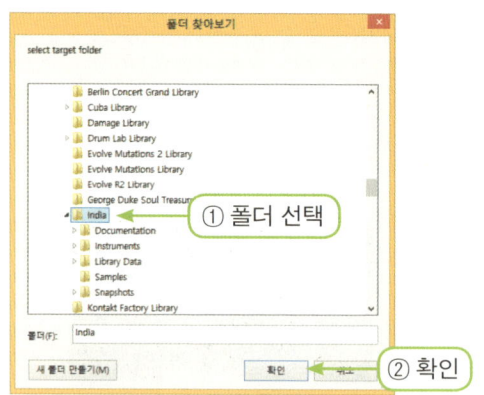

03. 추가된 라이브러리는 마우스 드래그로 위치를 조정할 수 있습니다. 알파벳 순서 또는 악기 타입 별로 정렬해 놓으면 편리할 것입니다.

● 악기 추가

간혹, 악기 파일(*.nki)로 제공되는 것들도 있습니다. 서울대 예술 과학 센터에서 개발한 국악기가 이에 해당합니다. 퀄리티가 아쉽다는 평가가 있지만, 국내에서 개발된 Kontakt 라이브러리라는 의미도 있고, 국악기를 사용할 수 있는 유일한 대안입니다. 악기는 catsnu.com에서 무료로 다운 받을 수 있습니다.

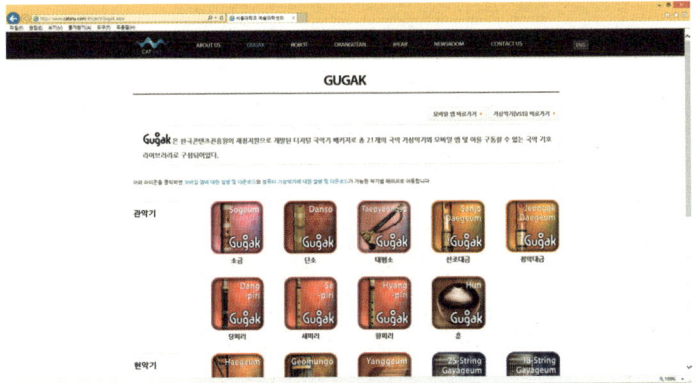

▲ catsnu.com

01. 다운 받은 *.nki 파일은 Kontakt으로 드래그하여 사용할 수 있습니다.

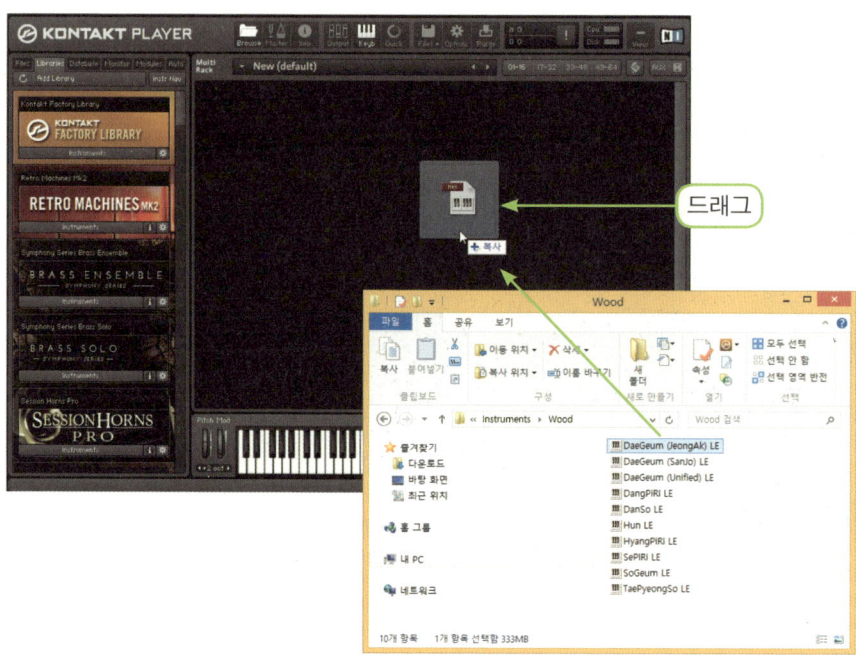

02. 매번 탐색기를 여는 것이 귀찮다면 File 탭에서 악기가 저장된 폴더를 선택하여 사용하는 방법도 있습니다. 마지막 폴더를 기억하고 있기 때문에 라이브러리와 동일한 방식으로 사용할 수 있습니다.

● 악기 찾기

Komplete에서 제공되는 50가지의 라이브러리에서 어떤 음색들이 있는지 정도는 모니터를 해봐야 할 것입니다. 하지만, 꽤 오랜 시간이 필요하므로, 그 전까지는 악기를 검색하여 사용하는 방법을 알아 두는 것이 좋습니다.

01. 브라우저 섹션의 Database 탭에서 타입별로 악기를 찾을 수 있습니다. Type 목록에서 악기를 선택하면 아래쪽에 검색되며, 더블 클릭으로 로딩할 수 있습니다.

02. 검색 창에 악기 이름을 직접 입력하여 찾는 방법도 있습니다.

Exploring Kontakt | 17

미디와 오디오 채널

Kontakt은 64개의 미디와 오디오 채널을 제공합니다. 사전 설정이 필요하고, 트랙 별로 악기를 사용하는 것이 편하기 때문에 멀티 아웃에 관심이 없는 사용자도 있지만, 시스템 사양이 낮거나 많은 트랙을 사용할 때는 반드시 알아둬야 할 기능입니다.

● 미디 채널

Kontakt 사용자에게 소리가 나지 않는다는 질문을 가장 많이 받습니다. 대부분 미디 채널 지정이 잘못된 경우입니다. 미디를 멀티로 사용하는 방법을 살펴보겠습니다. 채널에 대한 개념과 사운드 합성 테크닉을 익히기 바랍니다.

01. Kontakt은 악기를 추가하면 자동으로 A포트의 1, 2, 3... 채널 순서로 로딩되며, MIDI Ch 항목을 클릭하여 원하는 채널로 변경할 수 있습니다. Omni는 채널에 상관없이 연주되게 합니다.

02. 큐베이스나 로직에서 미디 트랙을 만들면 채널은 1, 2, 3... 순서로 생성되며, Channel 항목을 클릭하여 변경할 수 있습니다. Kontakt에서 설정한 미디 채널과 일치하는 악기를 연주하는 것입니다.

03. 만일, 두 개 이상의 악기를 같은 채널로 선택하면, 하나의 채널로 두 악기가 동시에 연주되기 때문에 사운드를 합성한 것과 같은 효과를 얻을 수 있습니다.

채널이 같으면 동시에 연주된다

Exploring Kontakt | 19

04. 음색을 합성할 때 피치나 팬 등의 변화로 좀 더 재미있는 사운드를 만들 수 있습니다. 피치는 Tune 노브를 드래그하여 조정할 수 있으며, 1의 값이 반음 입니다. 12로 조정하면 한 옥타브 간격으로 합성되는 것입니다.

05. 팬과 볼륨은 Tune 노브 아래쪽의 슬라이더를 이용해서 조정합니다. 두 개의 악기를 합성할 때 하나는 왼쪽, 또 다른 하나는 오른쪽에서 소리나게 할 수 있는 것입니다. 볼륨 비율도 중요하므로, 다양한 시도를 해보기 바랍니다.

06. 건반을 좌/우로 나누어 합성 음색이 연주되게 할 수 있습니다. 악기 패널 아래쪽에 Options 탭을 열면 Key Range 항목이 있습니다. Learn 버튼을 On으로 하고, 해당 악기가 연주될 음역을 마스터 건반에서 누릅니다. 예를 들어 C3에서 C7까지라면 C3와 C7 건반을 각각 누른 것입니다.

07. 같은 방법으로 C3 아래쪽에서 연주할 악기의 범위를 지정합니다. Key Reange 항목의 노트 값을 더블 클릭하여 직접 입력해도 좋습니다. 시퀀싱 작업에서는 필요 없겠지만, 라이브 연주시 재미있는 기능입니다.

08. Key Reange 옵션을 제공하지 않는 악기라면, 악기 패널의 Edit 버튼을 클릭하여 열고, Instruments Options 버튼을 클릭합니다.

09. Instrument 탭의 Key Range 항목에서 설정할 수 있습니다. 참고로 옵션 창의 Velocity Range 항목을 이용하면 여리게 연주할 때와 세게 연주할 때 서로 다른 음색이 연주되는 합성도 가능합니다.

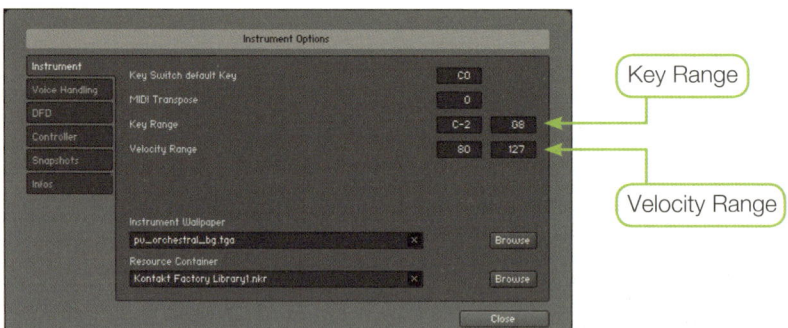

● 오디오 채널

Kontakt을 멀티 아웃으로 사용하는 방법입니다. 미디를 멀티로 사용한 경우라면, 믹싱 작업을 위해서 각 악기의 아웃을 채널 별로 출력해야 하므로, 반드시 기억해 두기 바랍니다.

01. 화면 오른쪽 상단의 메뉴 버튼을 클릭하여 열고, Activate Outputs에서 필요한 만큼의 오디오 채널을 활성화 합니다.

02. 도구 모음 줄의 Output 버튼을 클릭하여 패널을 열고, Add Channels 버튼을 클릭합니다.

Exploring Kontakt | 23

03. Quantity 항목에서 필요한 채널 수를 입력하고, Soundcard / Host output에서 시작 채널을 선택합니다. 여기서 Kt. Aux1을 선택하면 Quantity 항목에서 설정한 수 만큼 아웃 채널이 차례로 설정 됩니다. 물론, Ascending output assignment 옵션을 체크한 경우 입니다.

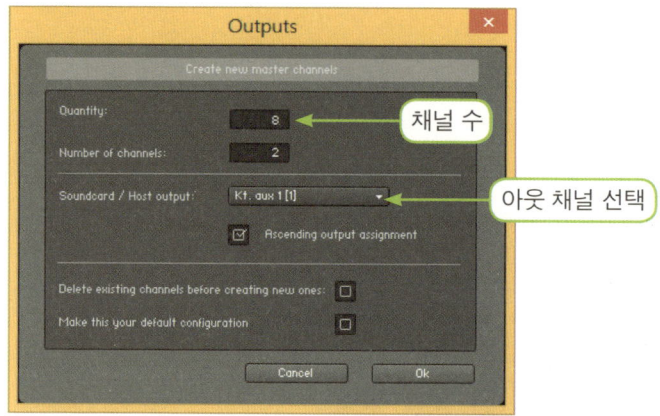

04. 오디오 아웃 설정이 끝나면 악기의 Output 항목을 클릭하여 원하는 채널을 선택합니다. 로딩한 악기 마다 서로 다른 채널을 선택하는 것입니다. 큐베이스는 F3 키로 믹서 창을 열어서 멀티 아웃을 확인할 수 있습니다.

05. 채널 이름이나 출력 채널은 언제든 변경이 가능하지만, 채널을 만들 때 악기 이름을 지정하고 싶은 경우에는 Output에서 Create separate Master Output Channel을 선택하여 채널을 만듭니다.

06. 채널은 선택한 악기 이름으로 생성됩니다. 출력은 채널 버튼을 클릭하면 열리는 창의 Out Map 항목에서 변경할 수 있습니다. 단, Activate Outputs에서 체크한 채널만 출력이 가능합니다.

07. 미디와 오디오 멀티 환경을 작업할 때마다 설정하는 것은 비 효율적입니다. Files 버튼을 클릭하여 메뉴를 열고, Save multi as를 선택하여 멀티 랙을 저장합니다.

08. 저장한 랙은 Files 메뉴의 Load 또는 Load recent를 선택하여 불러올 수 있습니다. 이때 현재 랙을 비울 것인지를 묻는 창이 열리며, Yes를 선택하면 저장했던 환경을 그대로 불러올 수 있고, No를 선택하면, 현재 로딩한 악기를 유지한 상태로 추가됩니다.

● 억스 채널

Kontakt는 내부적으로 Aux 채널을 지원하며, 실제 하드웨어 믹서와 동일하게 다양한 이펙트를 적용할 수 있습니다.

01. Aux 채널은 오디오 Output 패널에서 볼 수 있으며, 4개의 슬롯을 제공합니다. 슬롯을 클릭하면 Filter, EQ, Effects 폴더 별로 이펙트를 선택할 수 있습니다.

02. 랙 바의 Aux 버튼을 On으로 하면, 악기 아래쪽에 레벨을 조정할 수 있는 Aux Sends 슬라이더가 열립니다. Aux 채널에 적용한 이펙트를 원하는 레벨로 적용하는 것입니다.

03. Aux 채널에 장착한 이펙트를 적용할 때 주의 할 점은 악기에서 같은 계열의 이펙트(FX)를 사용하고 있다면, Off 시켜 이중으로 적용되지 않게 하는 것입니다. 대부분 리버브, 딜레이, 코러스와 같은 타임 계열 장치입니다. 이것은 믹싱을 할 때도 마찬가지이므로 꼭 기억해 두기 바랍니다.

04. Aux 채널의 이펙트 설정을 변경하고자 할 때는 Edit Effect 버튼을 클릭하여 컨트롤 패널을 엽니다. 컨트롤러의 종류와 역할은 이펙트에 따라 다르고, Kontakt의 이펙트를 사용하는 경우는 거의 없을 것이므로, 이에 대한 설명은 생략합니다.

※ 이펙트에 관한 학습이 필요한 경우라면 〈믹싱과 마스터링〉 서적을 참조합니다.

메뉴 바

메뉴 바에는 Browse, Master, Info 등의 창을 열고 닫는 역할의 버튼들로 구성되어 있습니다. Kontakt을 플러그인으로 사용하면서 기본 설정을 바꿀 일은 거의 없지만, 시스템을 효율적으로 관리할 수 있는 메뉴의 역할은 알아두는 것이 좋습니다.

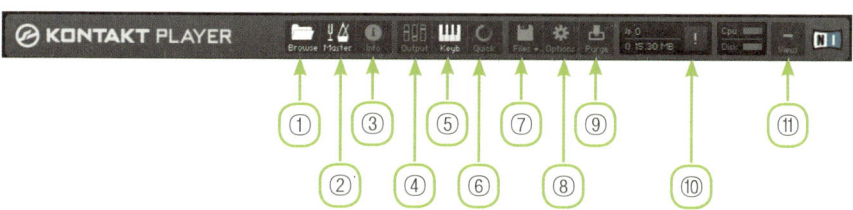

01. Browse (F1)

화면 왼쪽에 Files, Libraries, Database, Monitor, Modules, Auto 탭을 가지고 있는 브라우저 창을 닫거나 엽니다.

02. Master (F4)

모든 악기의 동작 상태를 컨트롤하는 Master Editor 창을 닫거나 엽니다.

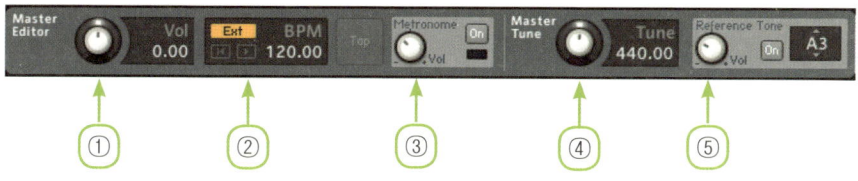

① Master Volume : 아웃 볼륨을 조정합니다. 기본값은 0dB 입니다.
② Master Tempo : 드럼, LFO 등, 위치 정보를 필요로 하는 악기의 템포 값을 설정합니다. 큐베이스나 로직의 플러그-인으로 사용하는 경우에는 Ext로 호스팅 템포에 동기 되도록 합니다. Tap 버튼은 마우스 클릭 속도로 템포 값을 설정합니다.
③ Metronome : 메트로놈 사운드 On 버튼과 볼륨 노브를 제공합니다. 플러그인으로 사용할 때는 별 의미 없는 기능입니다.
④ Master Tune : 악기 음정을 조율합니다. A음 440Hz가 기준인 현대 음악에서는 이 값을 수정할 이유가 없습니다.

⑤ Reference Tone : On 버튼으로 다른 악기의 음정 조율을 위한 가이드 톤을 발생시킵니다. 음정은 마우스 드래그로 설정할 수 있으며, 기타나 바이올린을 튜닝할 때 이용할 수 있습니다.

03. Info (F9)

창 아래쪽에 악기 정보 및 마우스 위치의 컨트롤러 정보를 표시하는 Info 창을 열거나 닫습니다.

04. Output (F2)

아웃 및 AUX 채널을 컨트롤할 수 있는 믹서 창을 열거나 닫습니다. 믹서 채널 사용법은 앞에서 살펴보았습니다.

05. Keyboard (F3)

건반을 닫거나 엽니다. 키 스위치의 위치를 변경할 수 없는 악기는 사용자 건반의 Transpose를 한 옥타브 내려서 선택합니다. 61 건반 이하의 사용자는 큐베이스의 버추얼 키보드를 이용하는 것도 요령입니다. 연주는 건반으로 하고, 키 스위치는 키보드로 선택하는 것입니다.

06. Quick (Ctrl+F)

사용자만의 악기 리스트를 만들어 빠르게 로딩할 수 있는 Quick 창을 열거나 닫습니다. 기본적으로 이 창은 비어 있으며, 마우스 오른쪽 버튼을 클릭하여 Add new Folder를 만드는 것부터 시작합니다.

폴더는 Multi, Bank, Instr의 3가지 타입으로 만들 수 있고, 새로 생성한 폴더에 악기를 드래그로 가져다 놓으면 등록됩니다. 등록된 악기는 언제든 더블 클릭으로 빠르게 로딩할 수 있습니다.

Quick 패널의 폴더 및 악기는 마우스 드래그로 이동이 가능하며, 단축 메뉴의 Delete from QuickLoad로 삭제하는 등의 편집이 가능합니다.

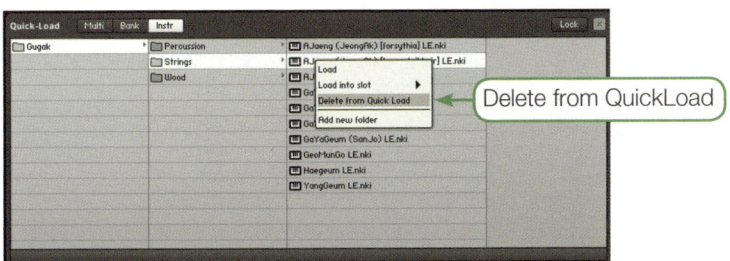

Quick 패널에 등록한 악기들은 Multi Rack name 항목에서도 언제든 로딩할 수 있습니다. 라이브러리를 제공하지 않는 악기를 사용할 때 유용한 패널입니다.

07. Files

다음과 같은 역할의 메뉴를 제공합니다.

- New instrument : 새로운 악기를 만듭니다.
- New instrument bank : 새 뱅크를 만듭니다.

뱅크는 128개의 악기를 담아 놓을 수 있는 슬롯을 제공하며, 마우스 드래그로 가져다 놓을 수 있습니다. 뱅크에 담긴 악기는 미디 프로그램 명령에 의해서 선택될 수 있으며, Name 항목의 이전/다음 버튼으로도 선택 가능합니다.

● Load : 악기 및 뱅크를 불러옵니다.
● Load recent : 최근에 열었던 악기 목록이 표시되며, 선택하여 로딩합니다.
● New instrument from list : Quick 패널에서 만든 악기 리스트가 열리며, 선택하여 로딩합니다.
● New instrument bank from list : Quick 패널에서 만든 뱅크 리스트가 열리며, 선택하여 로딩합니다.
● Save as : 악기 및 뱅크를 저장합니다.
● Save multi as : 멀티 악기를 저장합니다.

악기를 저장할 때 Save Mode를 선택할 수 있습니다.

patch - 샘플 위치만 기록합니다. 파일 크기가 작지만, 바뀐 경로에 샘플이 없다면 로딩이 불가능합니다.

patch+samples - 샘플을 복사합니다. 경로가 바뀌면 여전히 위치를 묻는 창이 열리지만, 샘플 손실을 방지할 수 있습니다.

Monolith - 샘플을 악기에 결합 합니다. 파일은 크지만, 경로가 바뀌어도 악기를 바로 로딩할 수 있습니다.

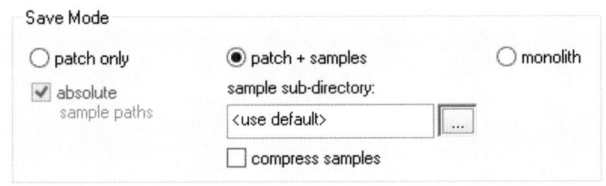

● Save multi as : 멀티 악기(*.nkm)로 저장합니다.
● Save as default instrument : 기본 악기로 저장합니다. 이 메뉴는 악기 편집 창을 열었을 때 볼 수 있습니다.
● Save as default multi : 기본 멀티 악기로 저장합니다.
● Reset multi : 기본 멀티 악기로 복구합니다.
● Batch re-save : 샘플 누락 경고 창이 열리는 악기의 경우, 샘플 경로를 다시 저장하여 해결할 수 있습니다.
● Collect samples/Batch compress : 여러 경로의 샘플을 참조하는 라이브러리를 단일 악기로 컴파일 합니다. 소스 및 저장 경로를 선택할 수 있는 창이 열립니다.

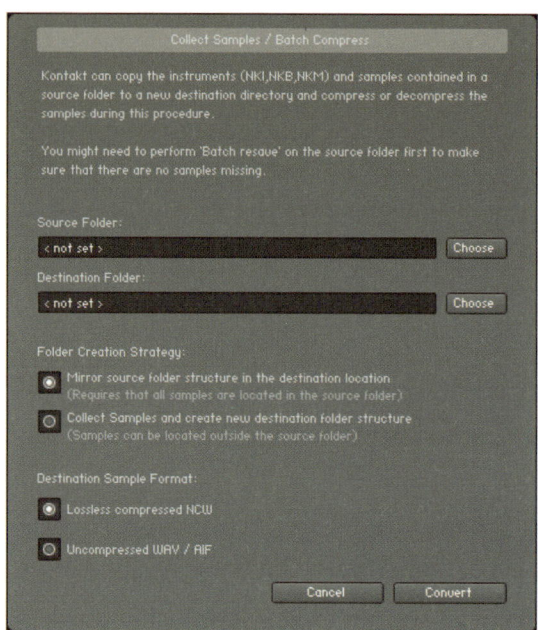

Source folder - nki, nkb 및 nkm 파일 위치를 선택합니다.

Destination - 저장 폴더 위치를 선택합니다.

Folder Creation Strategy - 저장 위치의 폴더 구조를 선택합니다.

Mirror source folder structure in the destination location은 소스 폴더의 구조를 그대로 복사하여 하위 폴더를 만들지 않고, Collect Samples and create new destination folder structure는 샘플을 악기 하위 폴더에 새로 만듭니다.

Destination Sample Format - 샘플 포맷을 선택합니다.

Lossless compressed NCW는 무손실 압축 포맷이며, Uncompressed Wav/Aif는 압축하지 않는 포맷입니다.

08. Options

Kontakt의 환경을 설정할 수 있는 Options 창을 엽니다. 특별한 경우 외에는 기본 설정을 변경할 이유가 없지만, 시스템에 따라 필요한 경우가 있으므로 간단히 정리하겠습니다. Kontakt을 스텐다드 모드로 실행한 경우에는 미디와 오디오 인터페이스를 설정할 수 있는 MIDI와 Audio 탭이 존재하지만, 플러그인으로 사용할 때는 큐베이스나 로직에 종속되므로, 미디와 오디오 설정 탭은 존재하지 않습니다.

● Interface

화면 표시 방법을 설정합니다.

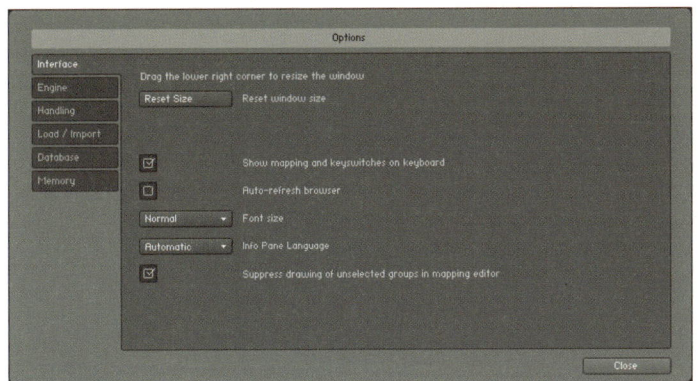

Reset window size

Kontakt 창의 크기는 오른쪽 하단을 드래그하여 조정할 수 있습니다. 이것을 원래의 크기로 되돌립니다.

Show Mapping and Keyswitches on Keyboard

건반의 트리거 존과 음역 존이 색상으로 구분되게 합니다. 악기마다 해당 존이 구분되어 있는 경우가 있기 때문에 이 옵션을 해제할 이유는 없습니다.

Auto-refresh Brows

정기적으로 브라우저의 파일 시스템을 체크합니다. 브라우저 창의 refresh 버튼을 클릭하여 수동으로 체크할 수도 있습니다.

Font Size

글자의 크기를 크게 변경할 수 있습니다.

Info Pane Language

브라우저 창 아래쪽의 인포 패널 언어를 선택합니다.

● Engine

사용자 시스템에 적합한 환경을 설정합니다.

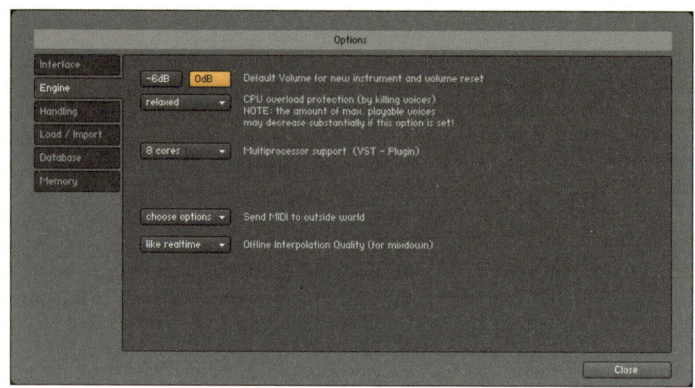

Default Volume for New Instruments and Volume Reset
악기를 로딩하거나 볼륨 슬라이더를 Ctrl 키를 누른 상태로 클릭했을 때 적용되는 출력 레벨을 선택합니다.

CPU Overload Protection
많은 보이스를 사용하면 시스템 과부화로 엔진이 꺼지는 경우가 있는데, 이때 어느 정도가 되었을 때 끌 것인지를 선택합니다. 시스템 성능에 맞추어 relaxed, medium, strict 순서로 선택할 수 있습니다.

Multiprocessor Support
사용자 시스템에 설치된 CPU의 코어 수를 선택합니다.

Send MIDI to Outside World
목록에서 선택한 미디 정보를 전송할 수 있습니다. 화면에 표시되는 건반을 마우스로 연주하거나 컨트롤의 움직임을 기록하고 싶을 때 유용합니다.

Offline Interpolation Quality
믹스다운 품질을 선택합니다.

- Handling

Kontakt의 동작 상태를 설정합니다.

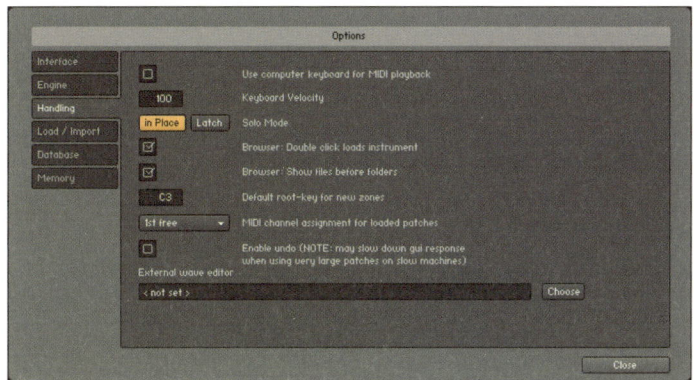

Use Computer Keyboard for MIDI Playback
컴퓨터 키보드로 건반을 연주할 수 있도록 합니다. 단, 스텐다드 모드에서 적용되는 옵션이므로, 플러그인으로 사용할 때 필요하다면 큐베이스 또는 로직의 버츄얼 키보드를 이용합니다.

Keyboard Velocity
컴퓨터 키보드를 사용할 때의 벨로시티 값을 설정합니다.

Solo Mode
여러 악기의 솔로 버튼을 클릭할 때 다른 악기의 솔로를 유지(Latch) 할 것인지, 해제(In Place) 할 것인지를 선택합니다.

Browser Double-click Loads Instrument
브라우저에서 악기를 더블 클릭으로 로딩할 수 있게 합니다.

Browser Show Files Before Folders
옵션을 해제 하면 브라우저의 〈폴더-악기〉 순서를 〈악기-폴더〉 순서로 표시합니다.

Default Root Key for New Zones
샘플을 만들 때의 루트 키를 설정합니다.

MIDI Channel Assignment for Loaded Patches
악기를 로딩할 때 미디 채널을 순서대로 설정되게 할 것인지, Omni로 설정되게 할 것인지를 선택합니다.

External Wave Editor
사운드 편집 툴을 사용자가 원하는 것으로 지정할 수 있게 합니다.

● Load/Import
악기를 로딩할 때 적용되는 옵션을 설정합니다.

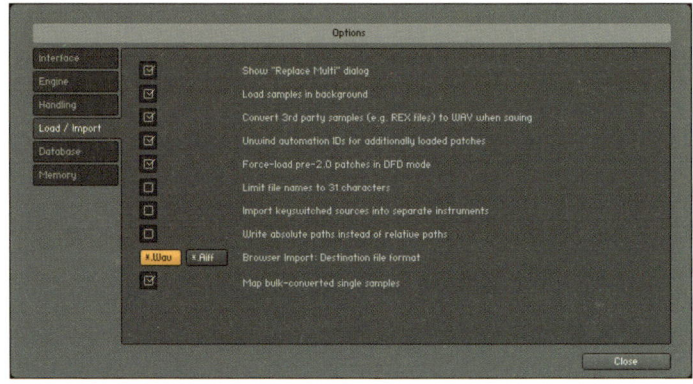

Show "Replace Multi" dialog
악기를 수정하고 닫을 때 저장 여부를 묻는 창을 엽니다.

Load samples in background
악기가 완전히 로딩되기 전에 사용할 수 있도록 합니다.

Convert 3rd Party Samples to WAV when Saving
서드 파티 악기의 포맷으로 저장할 수 있게 합니다.

Unwind Automation IDs for Additionally Loaded Patches
멀티 악기에 로딩되는 ID를 순차적으로 설정되게 합니다.

Force-Load Pre-2.0 Patches in DFD Mode
DFD 모드 라이브러리를 사용할 수 있도록 합니다. DFD는 Direct From Disk의 약자로 샘플의 첫 부분만 RAM에 로드하고 나머지는 악기를 연주하는 동안 하드디스크에서 읽게 하는 기술입니다.

Limit File Names to 31 Characters
파일 이름을 31자로 제한합니다.

Import Keyswitched Sources into Separate Instruments
서드 파티 악기를 로딩할 때 피치를 자동으로 분할합니다.

Write Absolute Paths Instead of Relative Paths
브라우저에 라이브러리를 로딩할 때 샘플의 위치를 포함합니다.

Browser Import Destination File Format
샘플을 가져올 때의 변환 포맷을 지정합니다.

● Database
데이터 베이스 환경을 설정합니다.

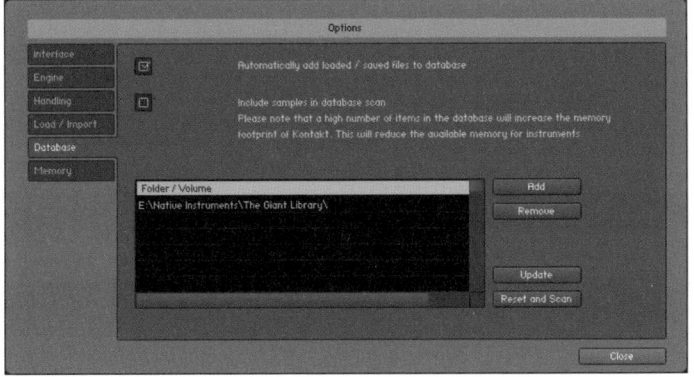

Automatically Add Loaded / Saved Files to Database
항상 최신 데이터 베이스를 유지하도록 합니다.

Include Samples in Database Scan
파일 시스템을 스캔할 때 샘플 정보를 포함하도록 합니다.

Database Location List
라이브러리 경로를 추가하거나 삭제 또는 업데이트 합니다.

● Memory
메모리 사용량을 결정합니다.

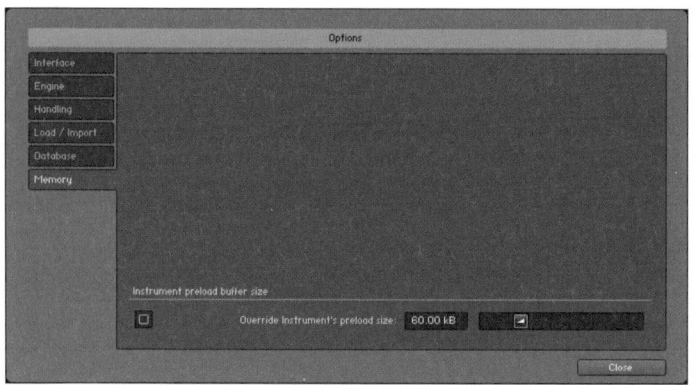

Override Instrument's Preload Size
기본적으로 악기 파일에 지정된 버퍼 크기를 무시하고, 사용자 시스템에 최적화된 크기를 설정할 수 있습니다. 높은 시스템을 사용하는 경우라면 옵션을 체크하고, 값을 조금씩 늘려보는 것이 좋습니다.

09. Purge

메모리에 로드된 샘플을 제거하여 연주 노트 유실을 방지합니다. 서브 메뉴의 역할은 다음과 같습니다.

Reset Markers : 연주 노트에 기록된 데이터를 초기화하여 재설정할 수 있게 합니다.

Update Sample Pool : 사용되지 않은 샘플을 모두 제거합니다.

Purge All Samples : 모든 샘플을 제거합니다.

Reload All Samples : 모든 샘플을 다시 로딩합니다.

메뉴는 악기 패널의 Purge 항목에서도 선택이 가능하며 샘플 로드 상태를 LED로 확인할 수 있습니다. 빨간색은 샘플이 로딩되지 않은 상태, 노란색은 연주 샘플만 로딩된 상태, 흰색은 전체 로딩 상태를 표시합니다.

10. System Meters

연주 노트 수를 표시하는 Voice count, 메모리 사용량을 표시하는 memory, 그리고 cpu와 disk 사용량을 실시간으로 표시하는 디스플레이를 제공하며, Restart 버튼은 오디오 에러가 발생했을 때 엔진을 초기화시켜 해결할 수 있게 합니다.

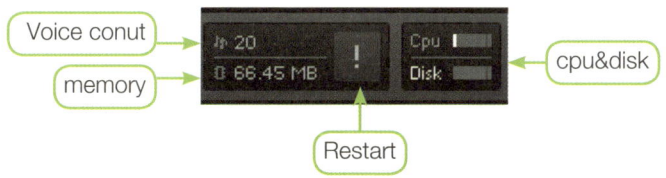

11. View

화면 크기를 최소화 또는 원래 크기로 복구합니다.

참고로 View 버튼 오른쪽의 로고를 클릭하면 Kontkat 버전을 확인할 수 있습니다. 최신 라이브러리의 경우에는 업그레이드가 필요한 경우가 있으므로, 사용하고 있는 버전을 확인해 두는 것이 좋습니다.

Kontakt 샘플러 기능 익히기

샘플러는 아날로그 사운드를 녹음해서 악기로 사용할 수 있는 장치이며, Kontakt은 이를 구현하고 있는 소프트웨어 입니다. 사용자 목소리나 동물 소리를 녹음해서 악기로 사용할 수 있다는 것입니다. 과거에 동물이 노래한 캐롤 앨범이 유행처럼 출시되었던 적이 있었는데, 바로 샘플러를 이용한 기술입니다.

Kontakt의 샘플러 기능은 컴퓨터 뮤지션들에게 반드시 필요한 학습이지만, 라이브러리 사용만으로도 벅찬 입문자에게는 거리감이 있을 수 있습니다. 그냥 가볍게 읽어 넘기고, 샘플러가 필요하다는 것을 체감할 때쯤 다시 한번 정독하는 것도 좋은 방법입니다.

전자 악기는 크게 아날로그 방식과 디지털 방식으로 구분합니다. 아날로그는 사인파(Sine Waves), 사각파(Square Wave), 톱니파(Sawtooth Waves) 등의 전기 신호를 오실레이터나 제너레이터를 사용해서 음원으로 만들어내는 방식이고, 디지털은 실제 어쿠스틱 악기 및 자연의 소리를 녹음해서 음원으로 재생하는 방식입니다. 물론, 디지털 방식도 음원에 따라 세분화되어 있고, 아날로그 합성 기능이 추가된 경우도 많습니다. 그러나 음악을 하는 사람들은 타입을 구분하지 않고, 그냥 신디사이저로 통칭해서 부르고 있으며, 여기에 사용자가 원하는 소리를 녹음해서 편집할 수 있는 기능이 탑재된 것을 샘플러로 구분합니다.

Native-Instrument사의 Kontakt은 대표적인 소프트웨어 샘플러이며, 기본적으로 제공하는 라이브러리 외에 사용자가 녹음한 소리나 샘플을 가져다가 편집해서 음원으로 사용할 수 있습니다. 큐베이스 9부터는 자체적으로 샘플러 트랙을 제공하고 있기 때문에 굳이 Kontakt의 샘플러 기능을 익힐 필요가 없다고 생각할 수도 있겠지만, 프로젝트에 상관없이 사용할 수 있는 Kontakt의 샘플러 기능은 음악 작업을 할 때 많은 아이디어를 가져다 줄 것입니다.

악기 만들기

인터넷에서 오디오 샘플을 검색하면 수 많은 판매 사이트를 찾을 수 있습니다. 대부분 이들 업체에서 판매하는 샘플의 키와 템포 정도만 편집을 해서 사용하지만, 악기로 만들어서 사용하는 것이 효과적입니다. Kontakt을 이용해서 오디오 샘플을 악기로 만드는 방법은 크게 두 가지가 있습니다.

● 샘플 드래그

오디오 샘플을 Kontakt으로 드래그하면 자동으로 악기를 만들어 줍니다. 단일 샘플을 악기로 만들 때 유용합니다.

01. 사용자가 가지고 있는 샘플 중에서 악기로 사용하고 싶은 것을 탐색기에서 찾아 Kontakt 메인 창으로 드래그 합니다.

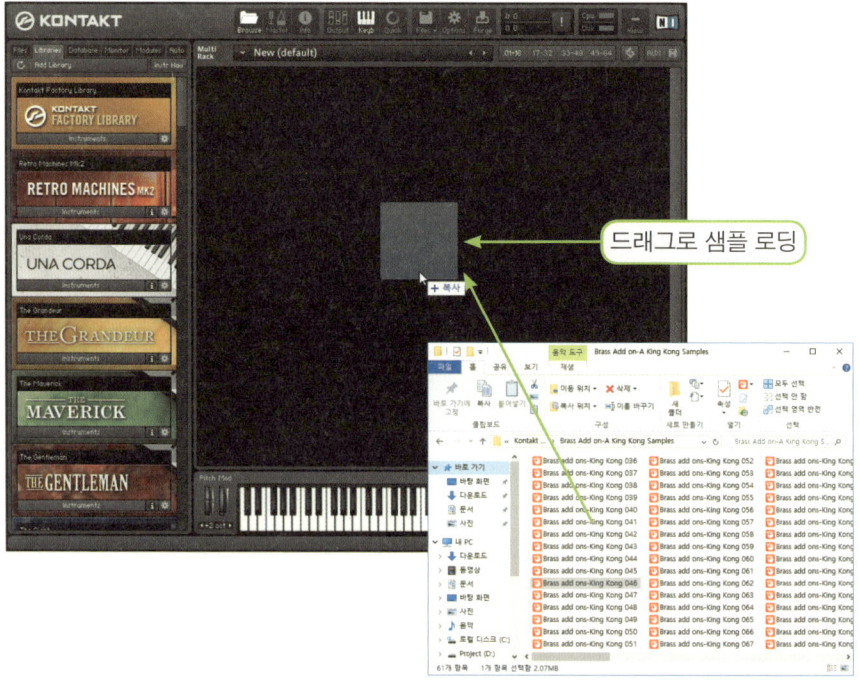

드래그로 샘플 로딩

02. 샘플 파일명으로 새로운 악기가 만들어집니다. Edit 버튼을 클릭하여 창을 열고, Mapping Editor를 열어보면, C-1에서 B7 범위로 샘플이 배치된 것을 확인할 수 있으며, 건반을 연주해보면 노트 별로 피치가 조정된 음색을 모니터할 수 있습니다.

03. C3 건반을 보면 노란색으로 표시되어 있습니다. 이것은 샘플이 로딩된 노트를 나타내며, 루트 표시 건반을 좌/우로 드래그하거나 Root 항목에서 입력 또는 위/아래로 드래그하여 변경 가능합니다. 각 노트는 Root를 기준으로 음정이 스트레칭되는 것이므로, 샘플의 원음과 동일하게 설정하는 것이 좋습니다.

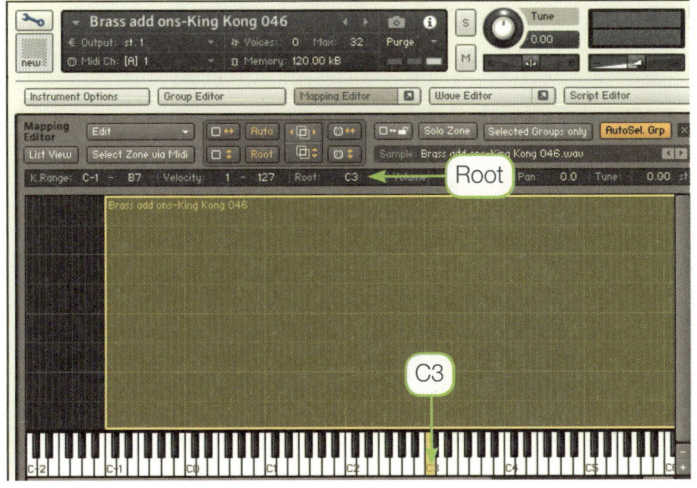

04. 샘플이 스트레칭 된 범위를 나타내는 노란색 바를 존(Zone)이라고 하며, 양쪽 끝을 드래그하거나 K_Range 항목에서 변경 가능합니다. 두 개 이상의 샘플을 이용해서 악기를 만들때 각 샘플이 연주될 범위를 조정하는 것이 필요합니다.

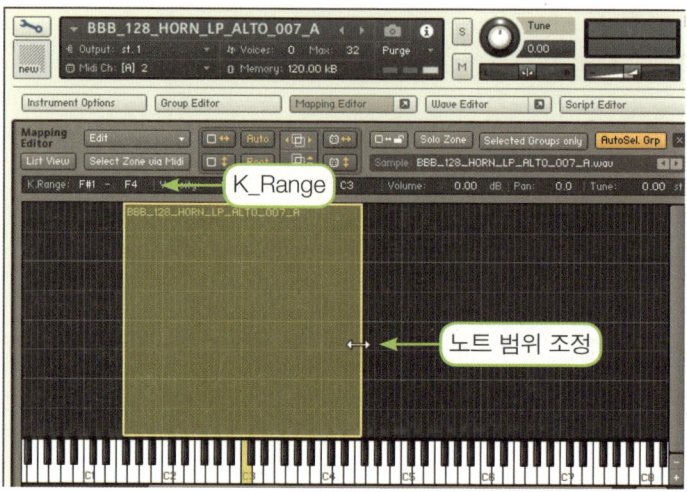

05. 존의 위/아래를 드래그하거나 Velocity 항목에서 벨로시티 범위를 조정할 수 있습니다. 연주 세기에 따라 음색이 달라지는 악기를 만들고 싶을 때 벨로시티 범위를 조정하는 것이 필요합니다.

06. 샘플은 Mapping Editor 창으로 드래그하여 추가할 수 있으며, 같은 노트와 벨로시티 범위에 두 개 이상의 샘플을 겹쳐 합성 음색을 만들 수 있습니다. 선택한 존의 볼륨(Volume), 팬(Pan), 튠(Tune)은 각 항목에서 조정합니다.

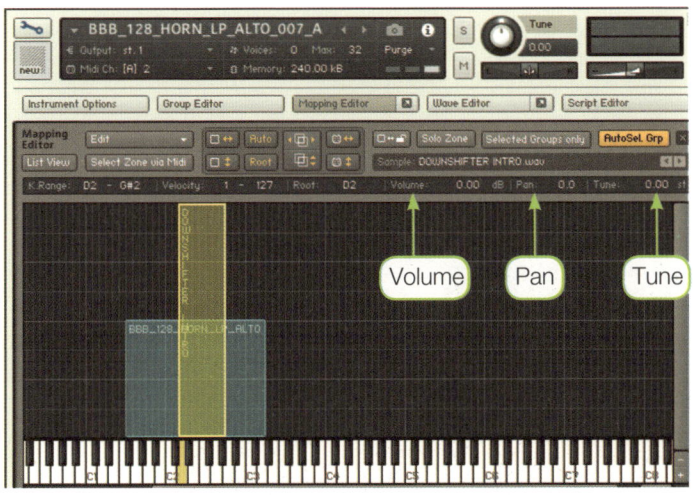

07. 악기 이름은 Name 항목에서 입력할 수 있으며, Save 버튼을 클릭하여 악기 파일(nki)로 저장할 수 있습니다. 남들도 써보고 싶어하는 악기를 만들었다면, Kontakt 용으로 판매가 가능한 Third party 제작자가 되는 것입니다.

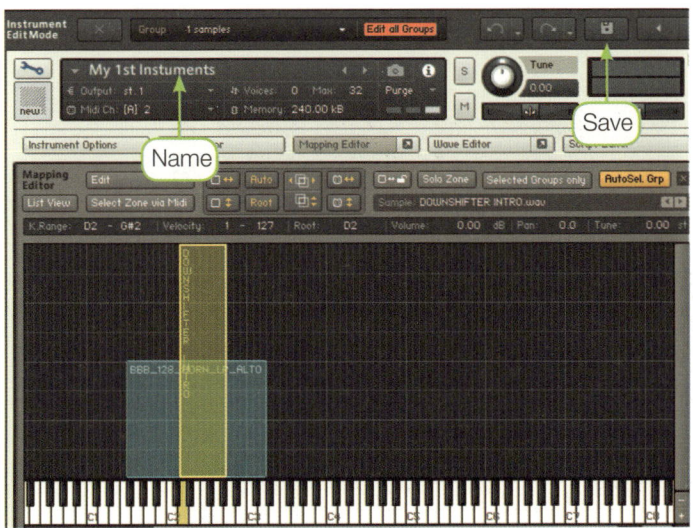

Exploring Kontakt | 47

● New Instrument

오디오 샘플을 Kontakt으로 드래그하여 만들었던 것과는 반대로 빈 악기를 만들어 놓고, 맵핑하는 방법입니다. 시작만 다르고 과정은 동일하므로, 어떤 방법을 이용하든 상관없지만, 대체적으로 멀티 샘플을 악기로 만들 때 이 방법을 이용합니다.

01. File 메뉴의 New Instruments를 선택하여 악기를 만듭니다. 샘플을 로딩한 것이 아니기 때문에 외형만 악기인 상태입니다.

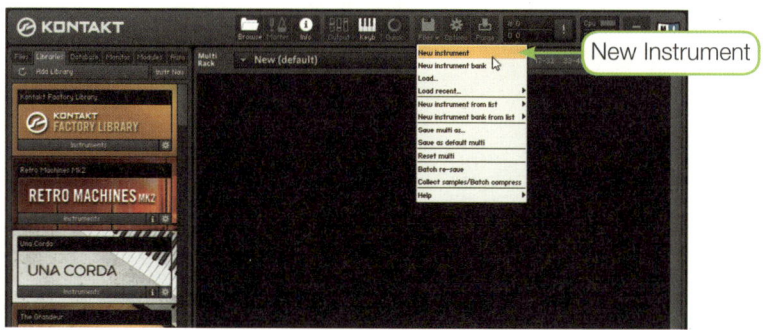

02. Mapping Editor를 열고, 샘플을 가져다 놓습니다. 악기를 미리 만들면 두 개 이상의 샘플을 사용자가 원하는 노트에 한 번에 배치할 수 있습니다. 마우스를 놓기 전에 위/아래로 드래그하면 각 샘플의 연주 범위도 함께 지정할 수 있습니다.

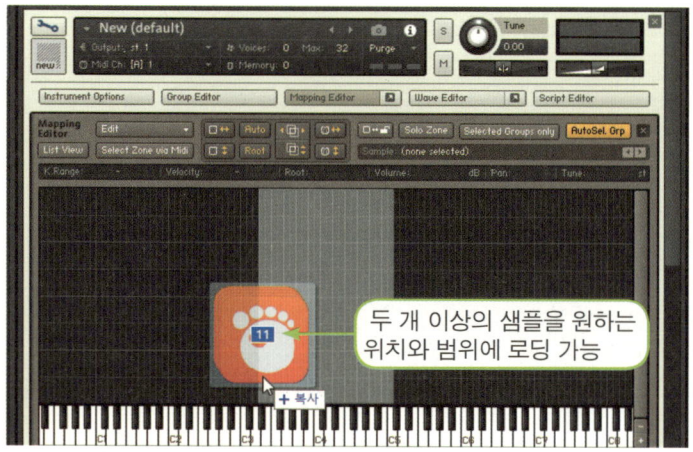

03. 샘플을 흰 건반 또는 검은 건반에만 로딩할 필요가 있는 경우에는 Edit 버튼을 클릭하면 열리는 메뉴의 Map Mode에서 White 및 Black Key Only를 선택합니다.

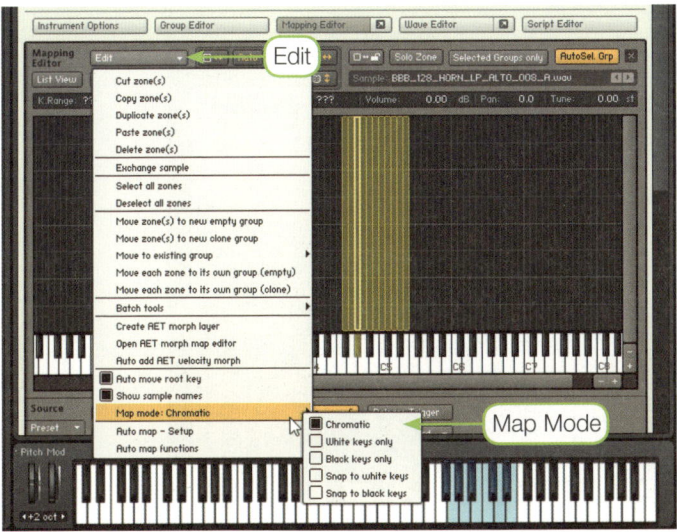

04. 샘플을 노트 별로 배치하고, 남아 있는 빈 공간은 Auto Key 버튼을 클릭하여 이웃한 샘플까지 자동으로 스트레칭 시킬 수 있습니다.

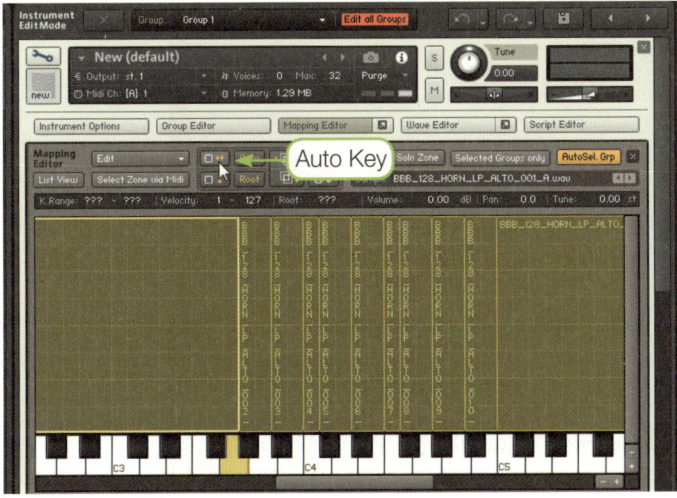

05. 샘플을 벨로시티로 배치한 경우에도 Auto Velocity 버튼을 클릭하면 이웃한 샘플까지 자동으로 채울 수 있습니다. 조정할 샘플이 한 두 개라면, 마우스 드래그로 충분하지만, 많은 경우에는 Auto 버튼이 편리할 것입니다.

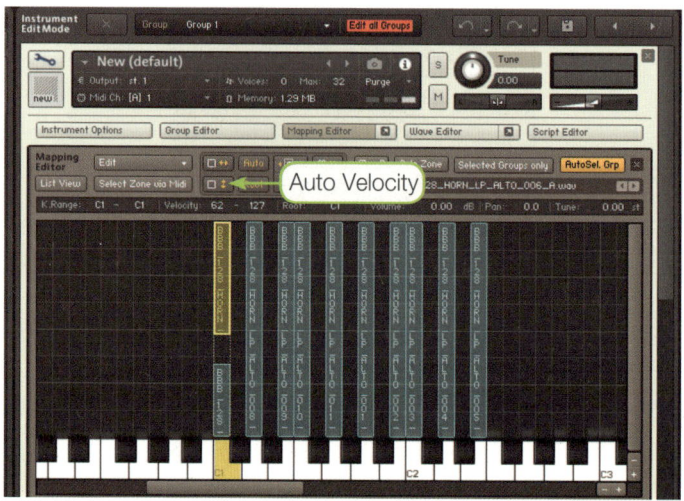

06. 의도치 않게 샘플을 노트 및 벨로시티 범위로 겹쳐 놓은 경우에는 Resoluve Key 및 Velocity 버튼으로 분리시킬 수 있습니다.

07. 의도적으로 샘플을 겹쳐놓은 경우에는 Ctrl 키를 누른 상태에서 클릭하면 겹쳐진 샘플이 차례로 선택됩니다. 선택된 샘플은 Sample 항목에서 확인 할 수 있습니다.

08. 마스터 건반으로 해당 노트에 배치된 샘플을 선택하고 싶은 경우에는 Select Zone via Midi 버튼을 On으로 놓습니다.

09. 샘플을 겹쳐 놓은 경우에는 기본적으로 합성된 음색이 모니터 되는데, 편집을 위해 선택한 샘플만 모니터 하고 싶은 경우에는 Solo Zone 버튼을 On으로 합니다.

10. 샘플의 키 및 벨로시티 범위를 조정할 때 Ctrl 키를 누른 상태로 드래그하면 크로스 페이드 상태로 합성할 수 있습니다. 연주되는 노트 및 세기에 따라 합성 비율이 달라지는 악기를 만들 수 있는 것입니다.

11. 사용자 실수로 편집되는 것을 방지하고 싶은 샘플은 Lock 버튼을 클릭하여 고정시킬 수 있습니다.

12. 편집 작업은 Ctrl+Z 또는 Undo 버튼을 이용해서 취소할 수 있습니다. 단, Options 창 Handling 페이지의 Enable undo를 체크해야 합니다.

13. 작업 공간은 Alt 키를 누른 상태에서 작업 공간을 드래그하여 확대할 수 있고, 클릭하여 축소할 수 있습니다. 오른쪽 하단에 있는 줌 버튼(+/-)을 이용해도 됩니다.

14. Kontakt을 스탠다드 모드로 실행한 경우에는 Mapping Editor 오른쪽의 Detach 버튼을 클릭하여 독립 창으로 열 수 있습니다.

무료 샘플 사이트

오디오 샘플을 무료로 다운받아 사용할 수 있는 사이트를 소개합니다.

▲ conversesamplelibrary.com

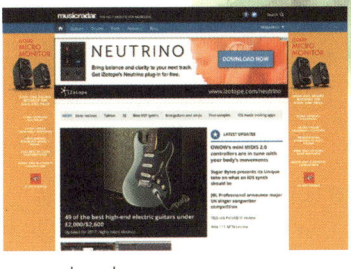

▲ musicradar.com

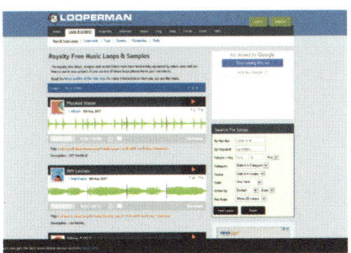

▲ looperman.com

▲ wavy.audio

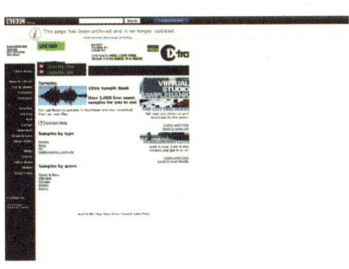

▲ wavy.audio

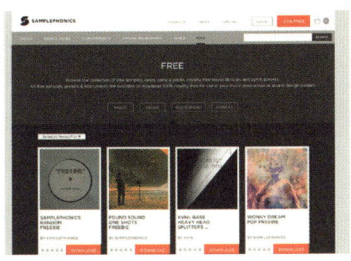

▲ samplephonics.com

▲ functionloops.com

▲ hiphopmakers.com

그룹

샘플은 존(Zone)으로 구성되며, 존은 그룹으로 관리됩니다. 하나의 악기에 하나의 그룹만 존재할 수도 있지만, Kontakt에서 제공하는 라이브러리나 서드 파티의 경우에는 수 십개의 그룹으로 구성된 경우가 많습니다.

피아노 악기를 만든다고 가정할 때 하나의 노트가 녹음된 샘플을 가져다가 전 음역대에 스트레칭시켜 하나의 존으로 구성해도 좋겠지만, 노트 마다 녹음된 88개의 샘플로 만든다면 좀 더 음질이 좋을 것입니다. 존은 88개가 생성되지만, 하나의 그룹으로 관리할 수 있습니다. 같은 방법으로 여리게 연주할 때의 그룹, 세게 연주할 때의 그룹 등, 연주 방법마다 다르게 표현되는 그룹을 추가할 수 있습니다.

개인 사용자가 판매를 목적으로 악기를 만드는 경우는 없기 때문에 이렇게까지 여러 개의 그룹을 생성할 필요는 없겠지만, 많은 샘플을 이용하여 악기를 만들 때 존을 그룹으로 관리하는 방법을 알아두면, 보다 효율적인 편집이 가능합니다. 이렇게 만든 악기를 여러 개 추가하면 아웃을 여러 개 쓸 수 있는 멀티 악기가 됩니다.

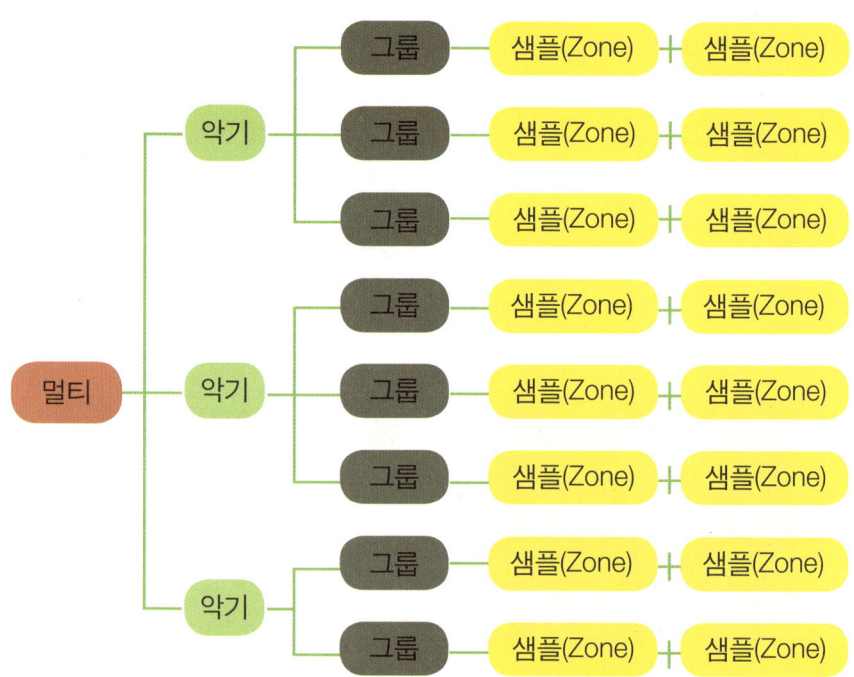

● 그룹 만들기

그룹은 선택한 존을 새로운 그룹으로 만드는 방법과 빈 그룹을 만들어놓고, 샘플을 배치하는 방법이 있습니다. 어떤 방법이든 시작만 다르고, 이후 과정은 동일합니다. 예를 들어 두 가지 이상의 샘플을 합성 시켜놓고, 모듈레이션 휠을 64 이상 올렸을 때만 합성된 음색이 연주되는 악기를 만든다고 가정합니다.

01. 악기를 만들고 Group Editor 버튼을 클릭하여 창을 열어보면, Group 1 또는 샘플 이름으로 되어 있는 하나의 그룹이 있습니다. 사용자가 그룹을 추가하지 않으면, 모든 존은 하나의 그룹으로 관리됩니다. 많은 샘플을 맵핑했을 때 관리가 어렵다는 것은 굳이 실습을 해보지 않아도 알 수 있습니다. 특히, 같은 노트에 음색이나 주법이 다른 샘플을 맵핑할 때는 Create Empty Group 버튼을 클릭하여 그룹을 만들어 놓고, 샘플을 가져다 놓는 것이 좋습니다. 그룹의 이름은 마우스 더블 클릭으로 변경 가능한데, 가능하면 Piano, String과 같은 음색 이름이나 f, p, mf와 같은 주법 등, 샘플을 구분하기 쉬운 이름으로 만드는 것이 좋습니다.

02. 이미 맵핑한 샘플을 새로운 그룹을 만들어 이동하고자 할 때는 원하는 샘플들을 선택하고 마우스 오른쪽 버튼을 클릭하면 열리는 단축 메뉴에서 Move zone to new empty group를 선택합니다.

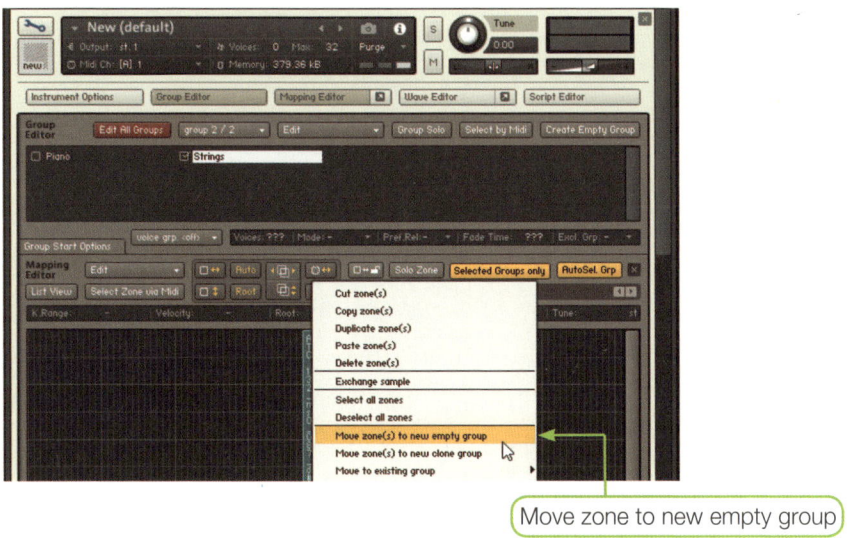

03. 선택한 존을 미리 만들어 놓은 그룹으로 이동시킬 때는 단축 메뉴의 Move to existing group에서 선택합니다.

04. 존을 편집할 때 선택한 그룹의 샘플만 영향을 받게끔 하고 싶은 경우에는 Edit All Groups 버튼을 Off 합니다. 실수로 다른 그룹의 존이 편집되는 것을 방지할 수 있습니다.

05. 선택한 그룹의 샘플들만 모니터 하고 싶은 경우에는 Group Solo 버튼을 On으로 합니다. Select by Midi 버튼을 On으로 하면 해당 존의 샘플을 연주할 때 자동으로 그룹이 선택됩니다.

06. 선택한 그룹의 존만 화면에 표시하고 싶은 경우에는 Selected Groups only 버튼을 On으로 합니다. Auto Sel Group 버튼은 존을 선택할 때 해당 그룹이 자동으로 선택되게 하는 역할을 합니다.

07. 그룹을 삭제할 때는 마우스 오른쪽 버튼을 클릭하면 열리는 단축 메뉴에서 Delete Selected Group을 선택합니다. 존이 존재하는 경우에는 경고 창이 열립니다.

08. 그룹 연주의 작동 여부는 키나 미디 컨트롤 정보로 선택할 수 있습니다. Group Start Options 버튼을 클릭하여 패널을 열고, Group Starts에서 컨트롤 하고자 하는 정보 Start on Key 또는 Start on controller를 선택합니다.

09. On Key는 그룹을 노트로 선택하여 아티큘레이션 키를 만드는데 응용할 수 있고, On Controller는 모듈레이션 휠(CC#1)과 같은 비브라토 효과를 만드는데 응용할 수 있습니다. 물론, 선택 그룹에 해당 샘플이 맵핑되어 있어야 합니다.

웨이브 에디터

드럼 루프를 비트 단위로 잘라서 내 음악에 어울리는 리듬으로 만들어 사용한다거나 짧은 길이의 샘플이지만, 건반을 누르고 있는 동안에는 계속 연주되게 하는 등, 실제 악기로 사용하기 위해서는 루프 및 그리드 등의 편집이 필요합니다. 이러한 편집을 하는 창이 웨이브 에디터이며, 고급 사용자가 되기 위해서는 반드시 익숙해져야 할 것입니다.

● Wave Editor

01. 간단한 샘플 편집 기능부터 일정 구간을 반복하는 루프(Loop), 슬라이스 위치를 설정하는 그리드(Grid) 편집 기능을 수행할 수 있는 웨이브 에디터는 존을 더블 클릭하거나 Wave Editor 버튼을 클릭하여 열 수 있습니다.

02. 웨이브 에디터는 Sample Loop, Sync/Slice, Zone Envelopes, Sample Editor, Grid의 5가지 탭으로 구성되어 있으며, 편집은 Sample Editor에서 진행합니다. 구간은 마우스 드래그로 선택하며, 편집은 Edit 및 Transform 버튼으로 실행합니다.

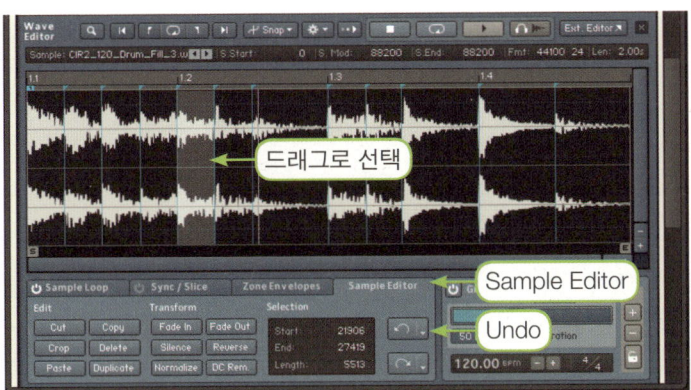

〈Edit〉

Cut : 잘라내기

Copy : 복사

Crop : 선택 구간만 남기기

Delete : 삭제

Paste : Cut 또는 Copy 한 구간을 붙이기

Duplicate : 선택 구간을 바로 오른쪽으로 복사하기

〈Transform〉

Fade In : 점점 소리가 커지게 한다.

Fade Out : 점점 소리가 작아지게 한다.

Silence : 묵음으로 만든다.

Reverse : 거꾸로 재생되게 한다.

Normalize : 소리를 크게 한다.

DC Rem : 전기 잡음을 제거한다.

그 외, 선택 구간을 표시하는 Selection 창과 편집을 취소하는 Undo 및 취소한 편집을 다시 실행하는 Redo 버튼을 제공합니다.

03. 상단 도구에는 사운드를 모니터할 수 있는 재생, 정지, 루프, 오토의 4가지 트랜스포트 버튼을 제공합니다. 루프는 선택 구간을 반복 재생하는 역할이며, 오토는 사운드를 선택할 때, 해당 위치에서부터 바로 재생되게 하는 역할입니다.

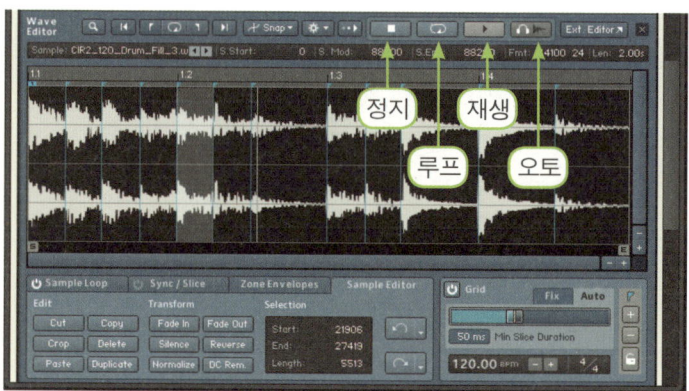

04. Wave Editor에서는 간단한 기능만 제공하고 있기 때문에 전문적인 편집이 필요한 경우에는 SoundForge나 Adobe Audition과 같은 프로그램을 이용하는 것이 좋고, Ext Editor 버튼을 클릭하여 실행할 수 있습니다. 단, 해당 프로그램이 설치되어 있어야 하며, Option 창의 Handling 페이지에서 External wave editor 항목의 Choose 버튼을 클릭하여 해당 프로그램을 지정해줘야 합니다.

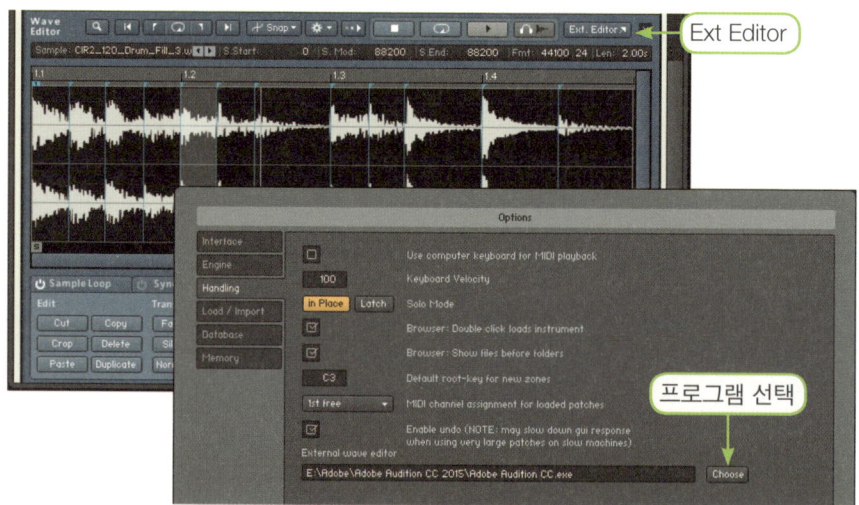

● Grid

01. 샘플을 슬라이스하고, 템포를 조정하는 기준이 그리드(Grid) 라인입니다. 그리드 라인 위치가 잘못 설정되면 템포가 어긋나는 문제가 발생하기 때문에 매우 중요한 항목입니다. 그리드 라인 설정은 Fix와 Auto 모드가 있으며, Fix는 샘플 그루브와 상관없이 정확하게 64비트에서 한 박자 범위로 만듭니다.

02. 보통은 어택 타임 위치를 자동으로 찾아 그리드 라인을 만들 수 있는 Auto 모드를 많이 사용합니다. 검출 범위는 슬라이드를 드래그하여 조정합니다.

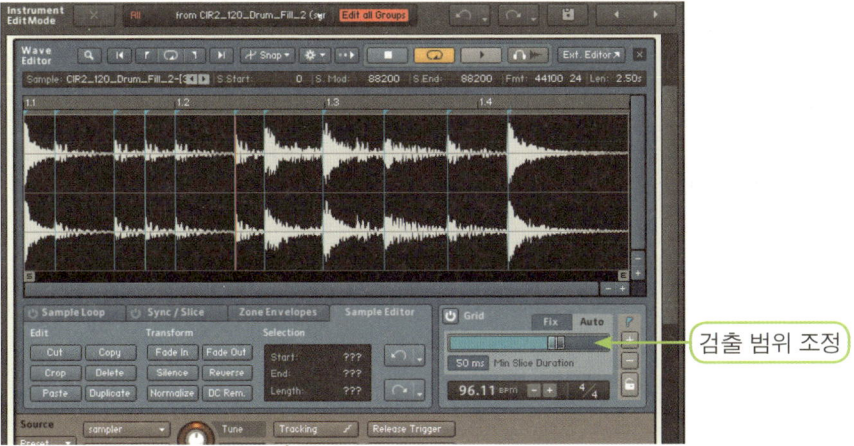

03. 그리드의 위치는 룰러 라인의 포인트를 드래그하여 조정할 수 있습니다. 작업 공간의 확대/축소는 돋보기 버튼을 이용하거나 Alt 키를 이용합니다. Alt 키를 누른 상태에서 드래그하면 확대되고, 클릭하면 축소됩니다.

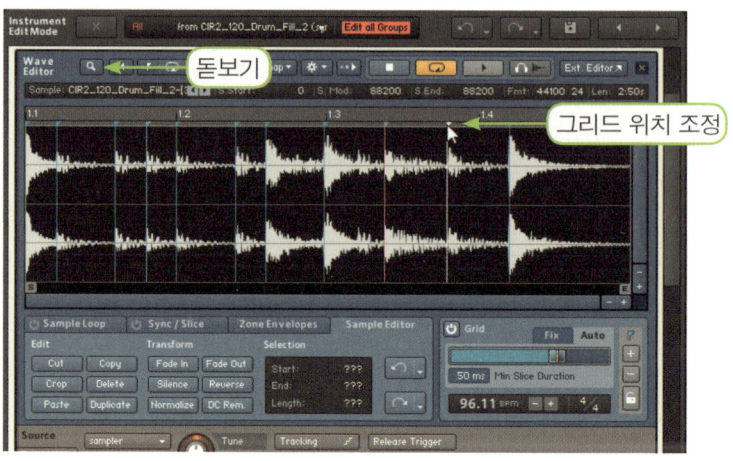

04. 룰러 라인에서 마우스 오른쪽 버튼을 클릭하면 그리드 라인을 추가하거나 삭제할 수 있습니다. Add 및 Delete 버튼을 선택하면 마우스가 그리드 추가 및 삭제 역할을 하며, Lock 버튼을 On으로 하면 그리드가 편집되는 것을 방지할 수 있습니다.

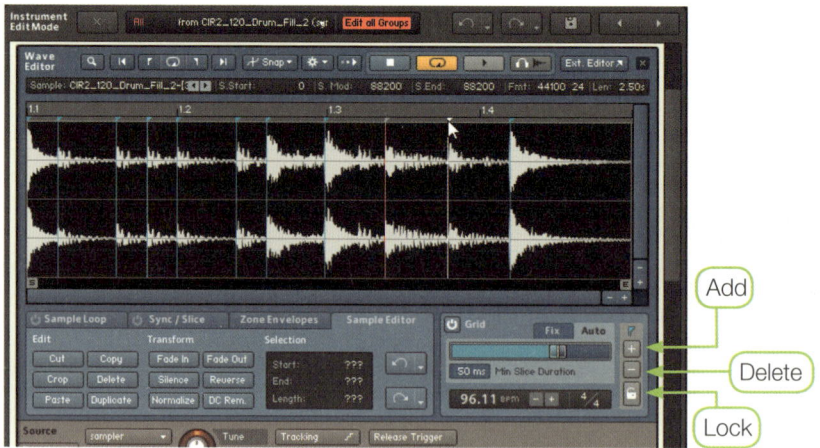

● Sample Loop

01. 샘플을 그냥 재생만 되게 한다면 악기로 사용하는 의미가 없습니다. 짧은 샘플이지만, 건반을 누르고 있는 동안에 서스테인 구간이 반복되게 하여 노트 길이에 상관없이 연주될 수 있게 해야 합니다. Kontakt은 총 8개의 반복 구간을 지정할 수 있으며, Loop On/Off 버튼으로 반복 여부를 결정합니다.

02. 반복 구간은 노란색 바로 표시되며, 시작 및 끝 위치를 드래그하여 범위를 조정할 수 있습니다. S 및 E 핸들은 샘플의 전체 재생 범위를 나타내는 것이며, 마우스 드래그로 조정 가능합니다.

03. 반복의 시작 및 끝 지점이 제로 크로싱 위치가 아닌 경우에는 틱 잡음이 발생할 수 있습니다. 틱 잡음이 발생한다면 Loop Edit 버튼을 On으로 하여 정밀하게 조정합니다. Snap 버튼의 Snap loop to zero crossing 옵션을 선택하면, 제로 크로싱 지점에 맞추어 조정됩니다.

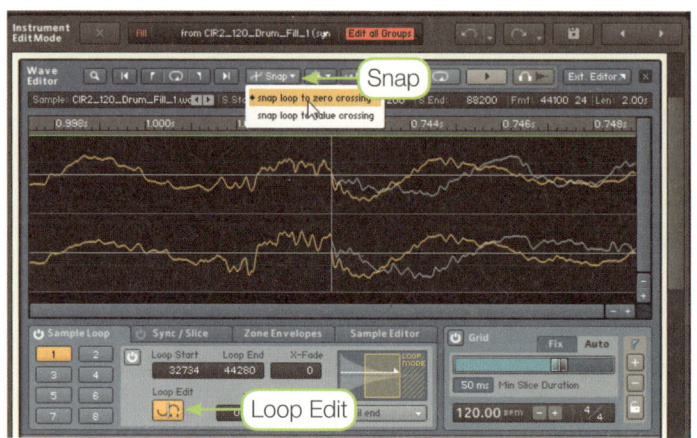

04. Loop Edit는 창이 양쪽으로 표시되며, 마우스 드래그로 조정할 수 있습니다. 왼쪽이 샘플의 끝 위치이고, 오른쪽이 샘플의 시작 위치 입니다. 각 위치는 Loop Start 와 Loop End 항목에서 샘플 단위로 표시됩니다.

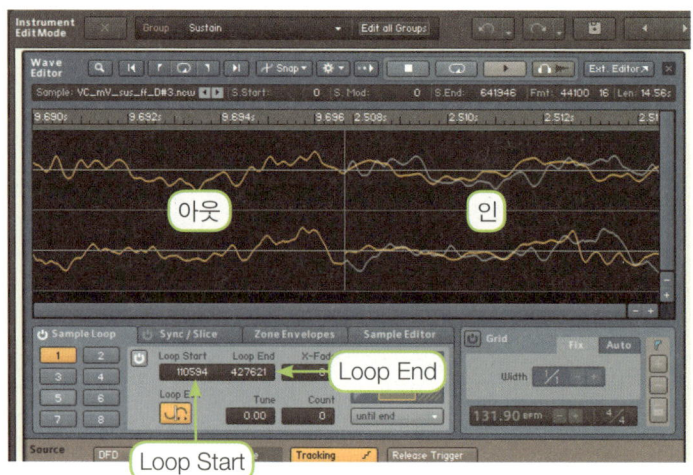

05. X-Fade는 크로스 페이드 길이를 조정하며, Tune은 음정, Count는 반복 횟수를 설정합니다. Count 수만큼 Tune의 음정이 조정되기 때문에 EDM에서 피치가 올라가는 루프를 쉽게 구사할 수 있습니다.

06. 모드 메뉴는 재생 방법을 선택하는 것으로 순차 진행의 end, 역 진행의 〈-〉, 릴리즈 구간 진행의 Release, 루프 설정을 무시하고 한 번만 진행하는 One shot이 있습니다. 메뉴마다 진행 방향을 화살표로 표시하는 그림이 있기 때문에 쉽게 짐작할 수 있습니다. 단, Release의 경우에는 릴리즈 타임이 설정된 경우에만 적용됩니다.

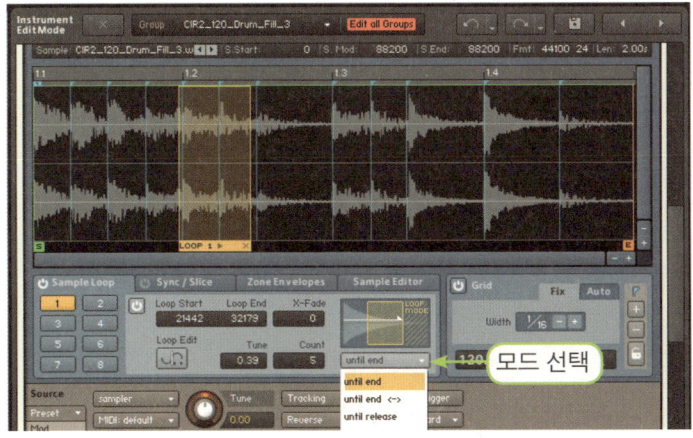

● Sync/Slice

01. Sync/Slice 탭에서는 드럼 루프 샘플을 그리드 단위로 잘라서 비트 머신으로 사용할 수 있는 기능을 제공합니다. Use Beatmachine 버튼을 On으로 하면 그리드 라인 위치가 모두 잘립니다.

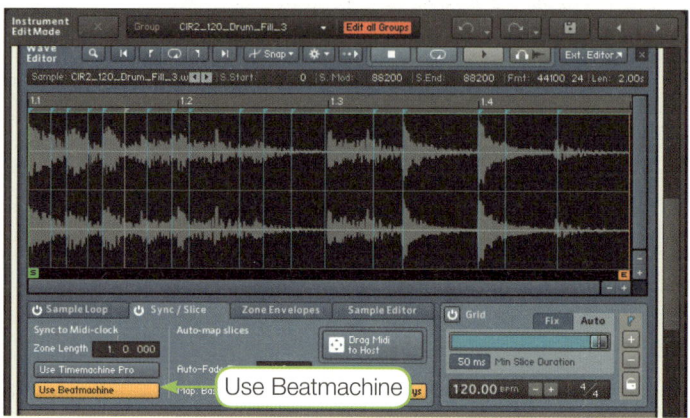

02. 잘린 비트는 새로운 샘플을 맵핑하듯이 Mapping Editor로 드래그하여 배치할 수 있습니다. 자신의 음악에 어울리는 리듬을 만들 수 있는 비트 머신을 갖추는 것입니다. 두 개 이상의 비트를 동시에 선택할 때는 Ctrl 및 Shift 키를 이용합니다.

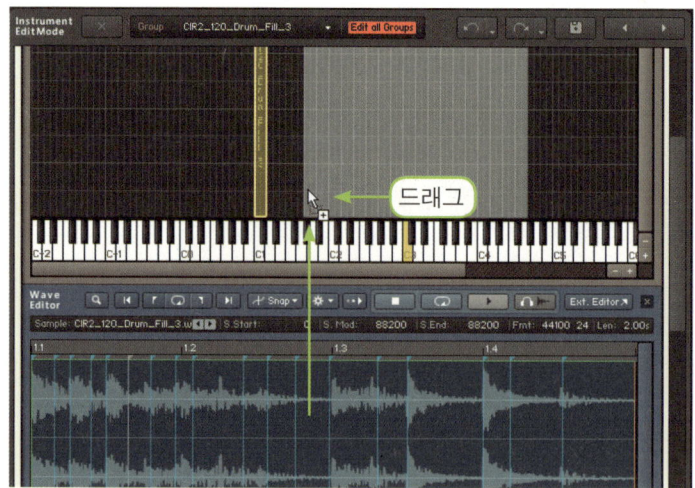

03. Drag Midi to Host 버튼을 큐베이스나 로직 등 자신이 사용하고 있는 음악 프로그램으로 드래그하여 맵핑하는 방법도 있습니다. 이때 기준은 Map Base Key에서 설정된 노트이며, Auto Find empty keys 버튼을 Off하면 사용자가 원하는 노트를 지정할 수 있습니다.

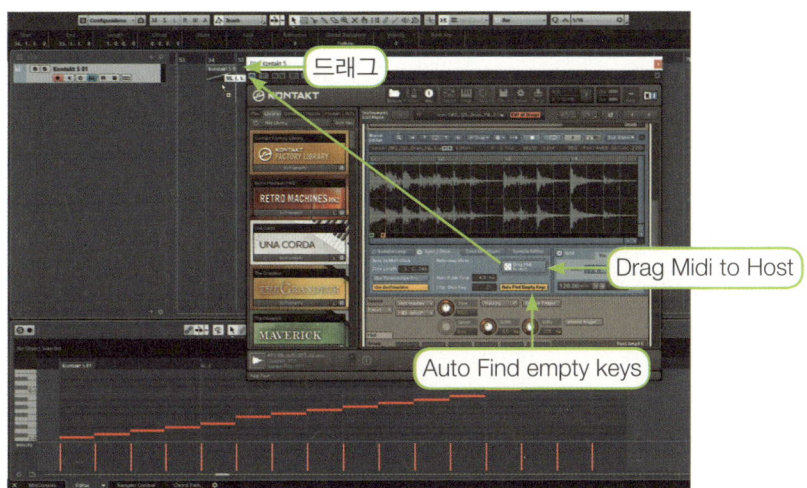

04. Drag Midi to Host 기능을 이용하면 리듬과 템포를 자유롭게 사용할 수 있기 때문에 별 의미는 없지만, 단순히 샘플의 템포만 작업 중인 음악에 일치되도록하는 기능만 사용하겠다면, Use TimeMachine Pro 버튼을 On으로 합니다.

● Zone Envelope

01. Zone Envelopes 탭에서는 샘플이 재생될 때 볼륨 및 팬 등의 변조 효과를 만들 수 있습니다. 예를 들어 사운드가 좌/우로 이동하는 핑퐁 효과를 만들겠다면 Pan 버튼을 On으로 하여 라인이 표시되게 합니다.

02. 포인트는 마우스 오른쪽 버튼을 클릭하여 추가하거나 삭제할 수 있고, 포인트를 드래그하여 위(좌)/아래(우) 방향으로 이동되게 만들 수 있습니다. 포인트 사이의 핸들을 드래그하면 곡선 타입의 변화도 가능합니다.

03. Copy current sample loop 버튼을 클릭하여 루프 구간을 반복할 때 엔벨로프가 다시 시작될 수 있게 합니다. 엔벨로프 구간은 파형 아래쪽에 주황색 바로 표시되며, 마우스 드래그로 수정 가능합니다.

04. Volume 또는 Pan 등, 입력한 엔벨로프 라인을 삭제할 때는 아래쪽 메뉴에서 선택하고, Delete 버튼을 클릭합니다.

05. 이펙트 엔벨로프 라인도 만들 수 있습니다. Wave Editor 창 아래쪽의 Send Effects 패널에서 Reverb를 장착합니다.

06. Source 패널의 Add Fx 슬롯에서 Effects의 Send Level을 선택합니다. 그리고 Reverb 노브를 클릭합니다. 여기서 클릭한 컨트롤러가 엔벨로프 소스로 추가되는 것이며, 원하는 컨트롤러는 모두 선택할 수 있습니다.

07. 앞에서 Reverb 컨트롤을 선택했기 때문에 add last touched 버튼이 리버브의 양을 조정할 수 있는 add Level로 표시됩니다. 이 버튼을 클릭하여 시간 단위로 리버브 양을 컨트롤할 수 있는 것입니다.

08. 연필 버튼을 이용하면 엔벨로프 라인을 좀 더 자유롭게 그릴 수 있고, Randomize 버튼을 클릭하면 무작위로 그려집니다.

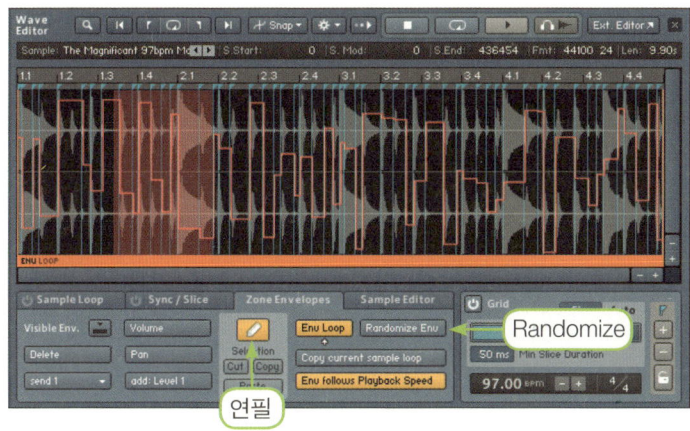

※ Konkakt의 기본과 샘플러 기능을 모두 살펴보았습니다. 입문자라면 기본 기능만으로도 충분하겠지만, 상업용 음원 작업을 할 때쯤엔 샘플러 기능이 반드시 필요합니다. 조금 어려워도 편곡 학습을 하면서 틈틈이 반복하여 익히길 바랍니다.

2

목관 악기
Wood Winds

목관악기
wood winds

현재 목관악기라고 하는 대부분의 악기는 이미 금속화되었기 때문에 목제의 관악기라고 하기 어려운 것이 많습니다. 또 색소폰은 아돌프 삭스가 처음 제작할 당시(1846년경)부터 금속제였음에도 불구하고, 목관 악기로 취급하는 것이 통례였습니다. 따라서 목관악기란 목제의 취주악기라는 정의보다는 깔대기 모양의 마우스 피스에 입술 전체를 직접 대고 불어 관내의 공기를 진동시켜 소리내는 금관악기에 해당하지 않는 관악기라고 정의한 월터 피스턴의 학설이 보다 적절합니다.

목관 섹션은 플루트, 오보에, 클라리넷, 색소폰의 4파트이며, 파트별로 팝에서 주로 사용하는 악기는 다음과 같습니다.

① 플루트 파트
플루트(Fl), 피콜로(Pic), 알토 플루트(Alt. Fl), 베이스 플루트

② 오보에 파트
오보에(Ob), 잉글리시 혼(E. Hr), 바순, 콘트라 바순

③ 클라리넷 파트
클라리넷(Cl in Bb), 베이스 클라리넷

④ 색소폰 파트
소프라니노 색소폰, 소프라노 색소폰,
알토 색소폰(Alt. Sax), 테너 색소폰(Ten. Sax),
바리톤 색소폰(Bar. Sax), 베이스 색소폰

목관 라이브러리
Symphony Series
WOODWIND Ensemble & Solo

심포니 시리즈 Woodwind는 Ensemble과 Solo의 두 가지 라이브러리가 있으며, 플루트(Flute), 오보에(Oboe), 클라리넷(Clearinet), 바순(Bassoon), 콘트라 바순(Contra Bassoon), 색소폰(Saxophone)의 6가지 목관 악기를 제공합니다.

참고로 Komplete Ultimate에 포함된 Symphony Essentials Woodwind는 True Legato, Time Stretching, Mixer Page를 지원하지 않고, 아티큘레이션(Articulations)과 NKIs/Presets이 축소된 버전으로 본서에서 살펴보는 풀 버전과 차이가 있으므로 착오 없길 바랍니다.

● Performance

Woodwind는 Performance와 Mixer의 두 페이지를 제공하며, Performance에는 Dynamics을 비롯한 기본 컨트롤러 외에 아티큘레이션(Articulations)을 설정할 수 있는 Additional 컨트롤러를 제공합니다.

Performance

● Performance Controls

악기 메인 창에는 음색을 제어할 수 있는 5가지 컨트롤러를 제공합니다.

Dynamics : 악기의 음량과 강도를 제어하는 Dynamics 컨트롤러는 모듈레이션 휠로 즉각적인 조정이 가능합니다.
Attack : 건반을 누르고 소리가 가장 커질 때까지의 타임을 조정합니다.
Release : 건반을 놓으면 소리가 사라질 때까지의 타임을 조정합니다.
Tightness : 샘플의 재생 시작점을 조정합니다.
Vibrato : 비브라토의 강도를 조정합니다. Ensemble의 경우에는 Motion 이라는 이름으로 제공되지만, 역할은 동일합니다.

● Additional Controls

메인 창 아래쪽에는 점점 세게, 점점 여리게, 스타카토 등의 주법을 선택할 수 있는 아티큘레이션(Articulation)과 Legato, Round Robin, Progress, Arpeggio 등, 선택한 주법을 세부적으로 편집할 수 있는 컨트롤러를 제공합니다.

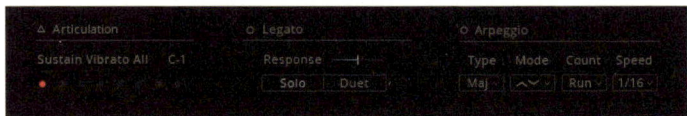

Articulation은 C-1에서 G-1의 키 노트로 선택 가능하며, 기본적으로 C-1에서 F-1까지 Sustain, Staccato, Cresendo 등의 6가지 주법이 할당되어 있습니다.

아티큘레이션 선택 키

Articulation 문자를 클릭하면 노트에 할당된 주법을 확인할 수 있는 슬롯이 열리며, 슬롯을 클릭하여 노트에 할당된 주법을 변경할 수 있습니다.

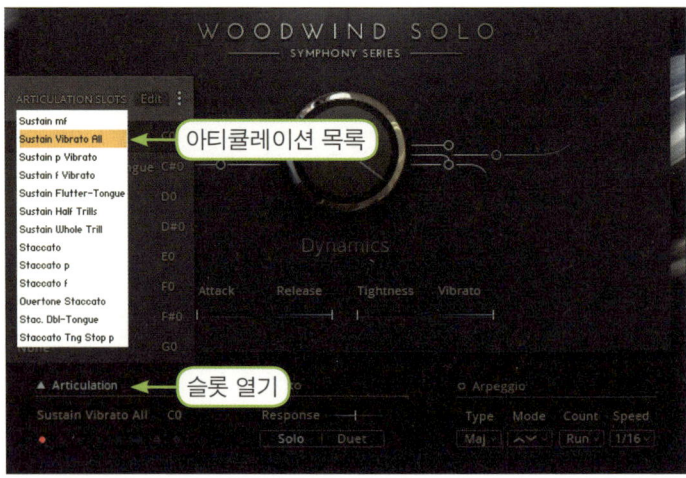

아티큘레이션 목록

슬롯 열기

▶ Repetition

어택의 반복 횟수와 길이를 설정합니다. 기본 값은 Off 이며, Repetition 글자 왼쪽의 동그라미를 클릭하여 On 할 수 있습니다.

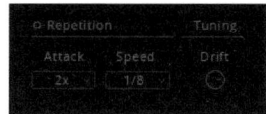

Attack : 반복 횟수를 설정합니다.
Speed : 반복되는 길이를 설정합니다.
Drift : 현실적인 피치 변화를 추가합니다.

▶ Legato

노트가 겹칠 때 연결해서 연주하는 레가토 기능을 On/Off 합니다. 기본 값은 Off 이며, Logato 글자 왼쪽의 동그라미를 클릭하여 On 할 수 있습니다.

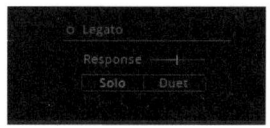

Response : 레가토 속도를 조정합니다.
Solo : 한 번에 하나의 노트만 연주합니다.
Duet : 두 음을 연주할 수 있습니다.

▶ Progress

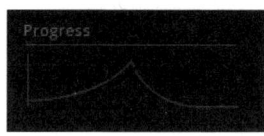

Cresendo, Decrescendo, Swell, Sforzndo의 Expression을 선택했을 때 볼 수 있으며, 시간에 따른 레벨 및 피치 변화를 표시합니다.

▶ Round Robin

Woodwind 라이브러리는 연속으로 연주되는 노트가 있을 때 끊어지는 현상을 방지하기 위하여 대체 샘플을 제공하고 있으며, Round Robin에서 몇 번째 샘플이 재생 되는지를 표시합니다.

Vel. Sense 버튼을 On으로 하면, 연주되는 노트 마다 벨로시티 감도 곡선을 적용합니다. 이 기능이 Off 일 때도 메인 컨트롤의 Dynamics은 적용됩니다.

▶ Playback

Effects, Arpeggios, Atmo 등의 연주 아티큘레이션에서 사용되는 컨트롤러로 샘플의 길이를 조정합니다.

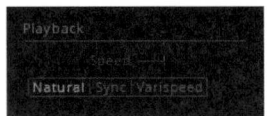

Natural : 원래 길이로 재생합니다.
Sync : 템포에 맞춥니다.
Varispeed : Speed 슬라이더를 이용해서 길이를 조정할 수 있습니다.

▶ Arpeggio

아르페지오 연주 패턴을 만듭니다. 기본 값은 Off 이며, Arpeggio 글자 왼쪽의 동그라미를 클릭하여 On 할 수 있습니다.

Type : 아르페지오 코드를 선택합니다. 트릴 연주를 만드는 Trill, 코드 연주를 아르페지오로 만드는 key, 노트를 반복하는 Rep 타입도 제공됩니다.
Mode : 노트가 연주되는 순서를 선택합니다.
Accent : Rep 타입을 선택했을 때 강조할 노트를 선택합니다.
Count : 연주될 노트 수를 선택합니다. Run는 연주하고 있는 동안에만 반복합니다.
Interval : Trill 타입이 선택했을 때 음정 간격을 선택합니다.
Speed : 아르페지오 연주 비트를 선택합니다.

● Articulation Edit

아티큘레이션 창은 기본적으로 설정되어 있는 아티큘레이션을 사용자가 원하는 건반 및 미디 컨트롤러에 재설정할 수 있는 파라미터를 제공합니다.

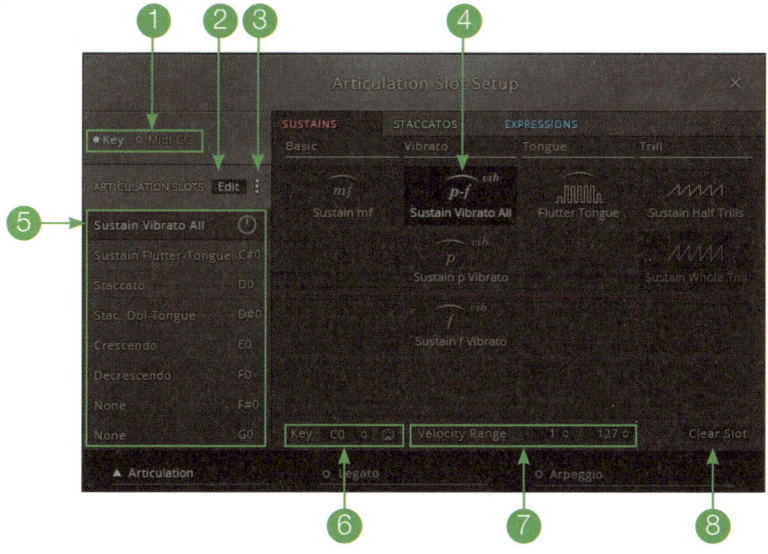

① Key/MIDI : 아티큘레이션을 건반 또는 미디 컨트롤러로 선택할 수 있게 합니다.
② Edit : 아티큘레이션 선택 셀을 엽니다.
③ Macros Menu : 3개의 점으로 표시되어 있는 매크로 버튼을 클릭하면 다음과 같은 메뉴가 열립니다.
- Empty all Slots - 아티큘레이션이 설정된 모든 슬롯을 비웁니다.
- Reset All start Conditions - 키 및 미디 정보 설정을 초기값으로 복구합니다.
- Set Ascending key from first slot - 첫 번째 슬롯에 설정한 키 값에 의하여 나머지 슬롯의 키를 오름차순으로 설정합니다.
- Distribute velocity range equally on active slots - 하나의 키에 여러 개의 아티큘레이션을 설정한 경우에 각각의 벨로시티 범위를 자동으로 설정합니다.

④ Articulation Cell : 선택한 슬롯에 아티큘레이션을 적용합니다.
⑤ Articulation List : 슬롯에 적용되어 있는 아티큘레이션 목록입니다. 슬롯을 선택하면 오른쪽에 볼륨을 조정할 수 있는 노브가 표시됩니다.

⑥ Key/MIDI Assignment : Key 모드일 경우에는 노트를 선택할 수 있는 Key 항목이 표시되고, MIDI 모드일 경우에는 컨트롤 번호를 선택할 수 있는 Controller Range 항목이 표시됩니다. 오른쪽에 표시되는 미디 포트 그림을 On으로 하면, 외부에서 선택한 키 또는 컨트롤러가 자동으로 인식됩니다.
⑦ Velocity Range : 하나의 키에 두 개 이상의 아티큘레이션을 설정할 수 있으며, 이때 적용되는 아티큘레이션의 벨로시티 범위를 설정합니다.
⑧ Clear Slot : 선택한 슬롯의 아티큘레이션을 비웁니다.

● Mixer

연주를 녹음할 때는 악기의 직접음을 수음하는 메인 마이크(Stereo) 외에 믹싱 작업에서 이펙트의 사용을 최소화 하기 위해서 스튜디오 및 홀의 잔향을 함께 수음할 수 있는 마이크를 여러 대 사용합니다. 거리마다 Close(1.5M), Mid(8M), Far(23M)로 표현하는데, Mixer 페이지에서 이를 시뮬레이션 할 수 있습니다. 글자 왼쪽의 작은 원을 클릭하여 기능을 On/Off 할 수 있으며, 마이크의 좌/우 위치와 레벨을 조정할 수 있는 슬라이더를 제공합니다.

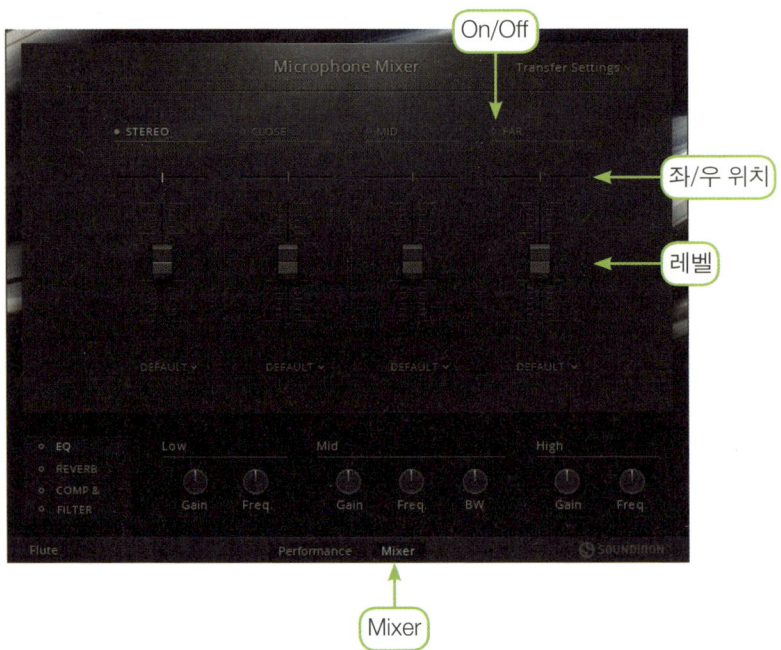

Mixer 페이지에는 EQ, Reverb, Comp&Filter 장치를 제공하지만, 믹싱 작업을 위해 사용하지 않는 것이 좋습니다. 자세한 내용은 〈믹싱과 마스터링〉 서적을 참고하기 바라며, 본서에서 각 장치에 대한 설명은 생략합니다.

● Ensemble

Woodwind Solo에서 Quintet.nki를 선택하거나 Woodwind Ensemble 라이브러리의 Woodwind Ensemble.nki를 선택한 경우에는 노트 범위와 위치 및 레벨을 조정할 수 있는 Ensemble 페이지를 제공합니다.

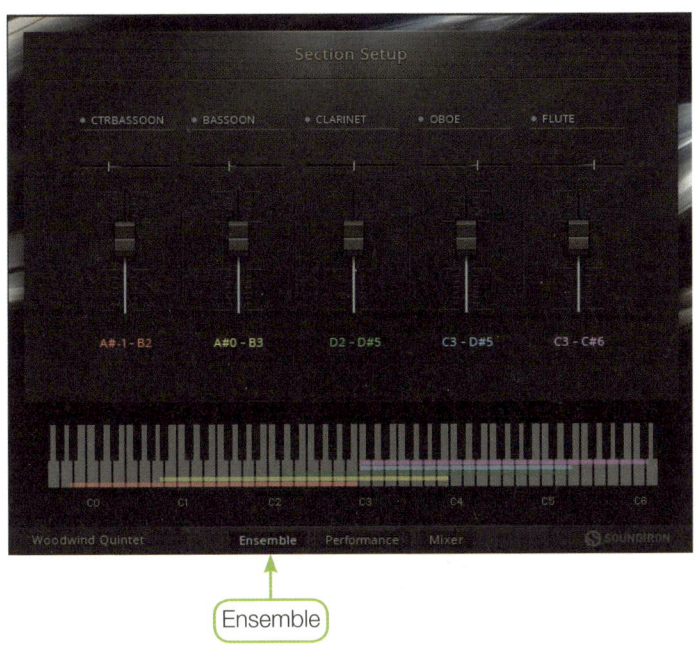

※ Symphony Series Woodwind Ensemble&Solo 라이브러리의 사용법을 살펴 보았습니다. 이는 고급 사용자를 위한 것이므로, 입문자는 로딩한 악기의 초기 설정 값을 그대로 사용해도 좋습니다. Komplete 사용자가 아니라면, Kontakt의 기본 라이브러리인 Factory의 Orchestral/VSL Woodwinds 또는 자신이 좋아하는 서드파티 악기로 편곡 실습을 진행해도 좋습니다.
편곡 예제 악보는 어떤 라이브러리로든 작업을 해보고 귀로 모니터를 해야 도움이 된다는 것을 명심하기 바랍니다.

플루트(Flute)

Woodwind 라이브러리에서 제공하는 플루트의 음역은 스탠다드 음역과 동일한 C3에서 3옥타브 위의 C6까지 입니다. 연주자 마다 차이는 있지만 팝 앙상블에서의 실용 음역은 위 아래 3도씩 여유를 둔 E3-A5 입니다. 미디로 사실감을 표현하기 위해서는 실용 음역을 벗어나지 않는 것이 좋습니다. 특히, 취주 악기는 호흡이 중요하므로, 멜로디를 따라 부르며 연주하는 것이 관악기를 사실감 있게 표현하는 비결입니다.

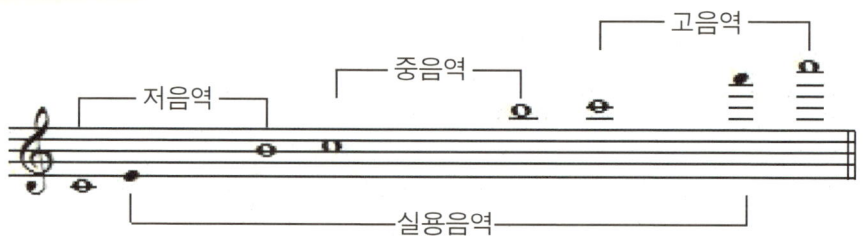

● 음색

저음역 : 음색이 인상적이고 아름다워 발라드나 블루스 곡에서 효과적입니다. 그러나 다른 악기에 묻힐 수 있기 때문에 투티(Tutti)로 편곡하는 것은 적합하지 않습니다.

중음역 : 플루트에서 가장 표정이 풍부한 음역으로 선율적이고 조용한 프레이즈 또는 향수 짙은 포크 솔로에 효과적입니다. 저음역과 마찬가지로 반주를 아주 가볍고 간결하게 편곡해야 효과적입니다.

고음역 : 음색이 밝고 화려하며, 다른 악기에 묻힐 경우가 적습니다. 실제 연주에서는 많은 연습이 필요한 음역이지만, 미디에서는 특별한 제약이 없습니다.

▶ 투티(Tutti) : 연주에 참가하는 모든 주자가 동시에 연주하는 것.

● 플루트 솔로

플루트는 저음역과 중음역의 표정이 풍부하기 때문에 솔로에 적합하지만, 다른 악기에 쉽게 묻혀 버릴 수 있기 때문에 다음과 같은 사항을 주의해야 합니다.
앙상블 편곡에서도 주의 사항은 동일합니다.

① 다른 악기에 묻히지 않게 하기 위해서 레벨을 무작정 키워서는 안 됩니다. 다른 악기와의 음량 밸런스는 편곡과 믹싱에 있어서 가장 기초적인 주의 사항입니다.
② 기타나 피아노와 같이 지속음이 짧은 악기는 상관이 없지만, 브라스나 스트링과 같이 지속음이 긴 악기는 플루트의 솔로 음역을 침범하지 않도록 합니다.
③ 같은 계열 악기와의 병용은 피하는 것이 좋습니다. 플루트를 주역으로 할 때 혼이나 클라리넷과 같은 악기를 반주부에 사용하면 오히려 반주부가 도드라지는 현상이 발생할 수 있습니다.

〈예제 멜로디〉

① 기타와 베이스 백그라운드
포크 기타와 일렉 베이스로 엷은 백그라운드를 깔아 플루트 솔로를 명확히 나타내고 있는 편곡입니다.

② 스트링스 백그라운드

플루트가 묻힐 가능성이 있고, 분위기가 어둡고 무거운 느낌입니다. 느린 곡에서는 깊이를 증가시킬 수 있지만, 빠른 곡에는 어울리지 않는 편곡입니다.

③ 브라스 백그라운드

브라스가 플루트 음역을 침해하고 있고, 밸런스도 좋지 않은 편곡입니다.

④ 오브리카토

오블리가토의 잉글리쉬 혼이 드러나 멜로디를 방해하는 좋지 않은 편곡입니다.

● 플루트 솔리

플루트의 중 저음역에서 멜로디를 유니즌으로 연주할 때는 솔로에서의 주의 사항이 완화됩니다. 그러나 다른 악기가 플루트 음역을 침해하지 않도록 해야 한다는 주의 사항은 여전합니다.

① 플루트 2개의 유니즌

② 플루트 3개의 유니즌

스트링 섹션이 플루트 솔리의 음역을 피해서 연주되도록 편곡한 예 입니다.

③ 플루트 2개의 옥타브 유니즌

플루트로 고음역 멜로디를 연주할 때는 옥타브 유니즌을 많이 사용합니다. 다만, 다른 악기로 중음역을 보완하겠다면 유니즌도 좋습니다. E5보다 높은 음을 빈번히 사용한다면 피콜로로 나누어 연주하는 것도 좋습니다.

④ 플루트와 피콜로의 유니즌

경쾌한 멜로디에서는 피콜로 대신 클로켄스필이나 첼레스타를 유니즌으로 첨가해서 보다 화려한 색채를 얻을 수 있습니다. 다만, 너무 오랫동안 같은 음색을 사용하면 싫증을 느낄 수 있으므로 주의합니다.

⑤ 플루트와 피콜로의 음역 확장

다음 Ex.A)와 Ex.B)는 플루트와 피콜로를 음역대로 나눈 예 입니다. 중음역부터 급상승하는 스케일은 종종 브릿지(Bridge) 직전의 크레센토에 사용됩니다.

Ex.A)

Ex.B)

⑥ 플루트 2성 하모니

플루트 2성 하모니 입니다. 음역만 적당하다면 균형잡힌 하모니를 만들 수 있습니다.

● **2성 하모니제이션의 주의점**

하모니제이션은 멜로디에 하모니를 붙이는 것을 말하며, 편곡 작업에서 가장 중요한 요소입니다. 악기 종류 및 편성에 상관없이 하모나이즈를 정확하게 하지 않으면 좋은 편곡을 기대하기 어렵습니다.

하모니제이션의 기본은 2성 하모나이즈이지만, 가장 주의 해야 할 필요가 있습니다. 많이 알려진 주의점에 관해서 살펴보겠습니다. 깊이 있는 학습은 〈특허 화성학〉 서적을 참조하기 바랍니다.

① 2성 하모니는 3도 또는 6도가 되도록 하는 것이 좋습니다. 단, 미디엄 템포에서 4분 음표 이하의 짧음 음이라면 4도나 5도가 허용됩니다.

② 도미넌트 세븐스 코드에서는 3도와 6도 외에 다음과 같이 중 4도, 감 5도, 장 2도 음정이 허용됩니다.

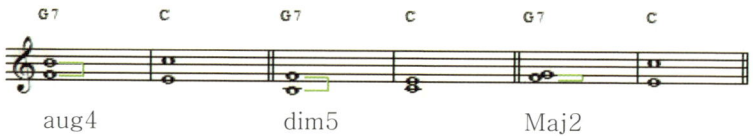

③ 다음과 같이 완전 4도나 완전 5도 하모나이즈로 독특한 울림을 만들 수 있습니다. 단, 남용은 좋지 않습니다.

(블루 그래스나 한국 민요에서 많이 볼 수 있는 4도 연속 하모니)

④ 메이저 7 또는 마이너 7 코드에서 멜로디가 7음 일 때 하모니 파트에 3음을 사용할 수 있습니다. 또 멜로디가 3음 일 때는 완전 4도 아래 7음을 사용할 수 있습니다.

⑤ 긴 음표의 멜로디가 비화성음일 경우에는 그 비화성음이 해결되는 음으로부터 3도 또는 6도의 음을 표준으로 하모나이즈 합니다.

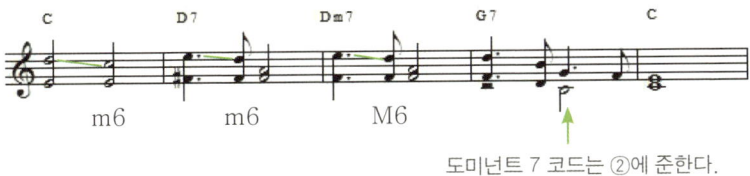

⑥ 2성 사이의 음정을 단 9도로 하면 울림이 좋지 않습니다.

⑦ 남녀 코러스의 경우에는 남성이 악보보다 1옥타브 낮으므로, 3도 올려야 할 것이 10도로 되는 경우가 있습니다. 가급적 3도 또는 6도가 되도록 주의해야 합니다. 남성이 위에 파트를 노래하면 악보 a)는 6도가 되고, b)는 3도가 됩니다.

⑧ 남성 코러스에서 멜로디가 C3(기보음) 보다 낮을 경우에는 하모니 파트가 위에 붙습니다.

⑦ 플루트 3성 하모니

플루트 3성 하모니의 예 입니다. 음역만 적당하다면 아름다운 하모니를 만들 수 있으며, 오블리카토에도 효과적입니다.

● 3성 하모니제이션의 주의점

① 2성 하모니의 주의점은 모두 적용됩니다.
② 여성 오픈 하모니(개리 화음)는 소편성의 코러스에서는 어울리기 어렵습니다. 남성의 경우에는 그런 염려가 없으나 음역에 주의해야 합니다.
③ 하모니 파트가 멜로디와 유니즌, 또는 옥타브로 연주해도 좋지만, 도미넌트 7의 3음 중복은 좋지 않습니다. 멜로디를 강조하고 싶을 때는 3성을 옥타브 아래에서 중복할 수 있습니다. 하모니는 2성이 됩니다.
④ 멜로디에 3음이 없을 때는 반드시 내성에 배치됩니다. 세븐 코드에서는 가능한 3음이 포함되게 합니다.
⑤ 내성의 흐름을 아름답게 하기 위해서 짧은 음표에서는 비화성음을 사용해도 좋습니다.
⑥ 같은 멜로디가 여러 번 반복될 경우에는 리드믹한 대선율이나 멜로딕한 부선율을 받쳐서 단조롭게 되는 것을 방지합니다.

⑧ 플루트 4성 하모니

다음 예는 플루트만으로도 가능하지만, 멜로디가 중음역이고, 하모니 3 파트가 너무 낮을 경우에는 알토 플루트를 사용해도 좋습니다.
참고로 멜로디가 고음역에 편중된 경우에는 피콜로를 리더로 하고, 옥타브 아래에서 멜로디를 떠받쳐 줄 때가 있습니다. 이때 반드시 플루트를 사용해야 한다는 고정 관념을 가질 필요 없습니다.

● **4성 하모니제이션의 주의점**
① 오픈 하모니는 소편성의 혼성에서는 아름다운 하모니가 어렵습니다. 기악일 경우에는 그런 염려가 없습니다. 멜로디와 베이스 라인은 반진행이나 사진행이 되도록 합니다.
② 소편성의 남성 클로스 하모니(밀집 화음)일 경우에는 테너의 음역이 높아져서 음색이 나빠지거나 밸런스가 무너지기 쉬우므로 키 설정에 주의해야 합니다.
③ 남성 하모니는 소편성(Quartette)이라도 오픈 하모니가 아름답게 울립니다. 저음역에서 클로스 되지 않도록 주의합니다. 팔세토(가성)를 사용한 음역에서의 하모니는 독특한 아름다움이 있으며, 느린 발라드 곡에서는 특히 효과적입니다.
④ 남성 합창에서는 테너 I과 II는 실음보다 옥타브 높게 기보하는 것이 통례입니다.
⑤ 기악곡은 원칙적으로 코러스와 마찬가지로 생각해도 좋지만, 악기 음역과 음색을 고려하여 어려운 음정이나 도약이 발생되지 않도록 주의합니다.

● 다른 악기와의 컴비네이션

플루트는 다른 종류의 악기와 쉽게 어울리기 때문에 그 조합 방법은 끝도 없습니다. 대표적인 예를 살펴보겠습니다.

① + 오보에
플루트와 오보에 유니즌은 음역에 따라 음색 변화가 발생할 수 있으므로, 키 선택에 주의 해야 합니다. 다음의 예는 a)와 c) 구간에서 오보에가 크게 들리고, b)에서 플루트가 크게 들리는 현상이 나타납니다. 키가 Bb이라면 더 심해집니다.

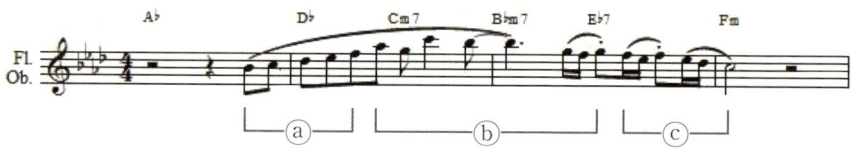

플루트의 중음역을 보충할 목적으로 오보에를 사용한다면 다음과 같이 2성으로 편곡하는 것도 좋습니다. C) 구역에서 오보에가 약간 드러날 수 있지만, 볼륨으로 컨트롤이 가능합니다.

플루트와 오보에를 파트로 편곡할 때 a)는 플루트의 멜로디 연주가 명확하게 들리지 않기 때문에 b)와 같이 오보에로 멜로디를 연주하는 것이 좋습니다.

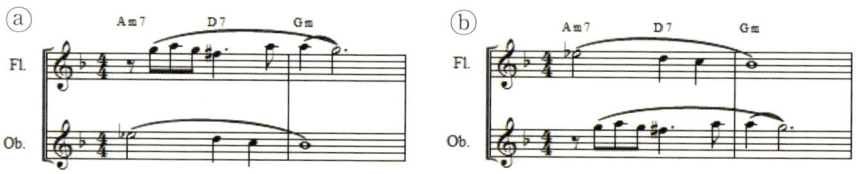

오보에를 앙상블로 사용할 때는 고음역의 비는 사운드를 피하는 것이 좋습니다. 예를 들어 다음 a)는 고음역의 공허함이 두드러지기 때문에 바람직하지 않습니다. 차라리 b)의 6도 하모니나 c)의 유니즌이 좋습니다.

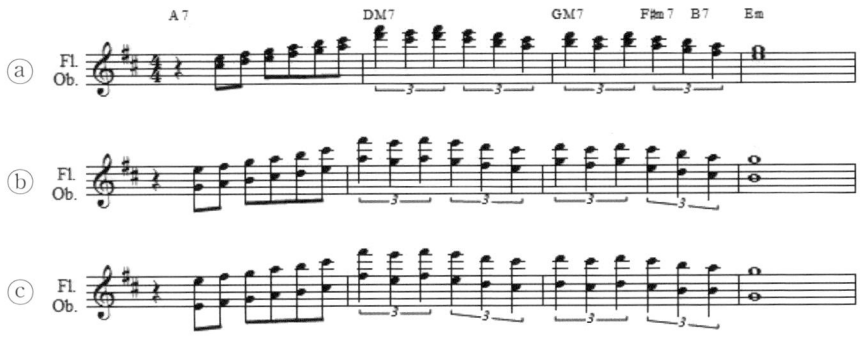

② + 클라리넷

클라리넷과의 컴비네이션은 오보에 보다 자유롭습니다. 유니즌, 옥타브, 하모니, 앙상블 등, 실용 음역내라면 어떤 것이든 좋습니다. 다음은 클라리넷의 부드러운 백 하모니를 배경으로 한 플루트 멜로디의 예 입니다.

③ + 색소폰

플루트를 주역으로 하기 보다는 색소폰의 고음 보강이나 배음 중복에 의한 음색 변화를 추구할 목적으로 하모니 보다는 유니즌으로 편곡하는 경우가 많습니다.

플루트 멜로디에 소프라노 색소폰의 카운터 라인을 붙인 예입니다. 플루트 파트가 침투율이 좋은 음역인 경우에는 색소폰으로 오블리카토나 하모니를 붙여도 좋은 결과를 얻을 수 있습니다.

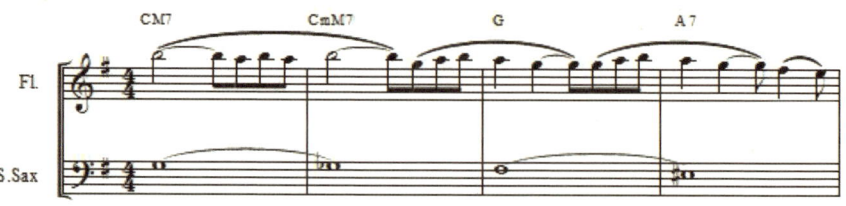

④ + 브라스
색소폰과 같은 목적으로 사용하는데, 음색 효과는 더 큽니다.

투티에 있어서 브라스 섹션의 고음역을 보강한 예 입니다.

⑤ + 비브라폰

플루트의 느린 어택에 비브라폰의 타격음을 수반하여 독특한 엔벨로프 라인을 만들 수 있습니다. 다음은 플루트 2성 하모니를 옥타브 아래에서 비브라폰이 서포트하고 있는 예로 부드럽고 세련된 분위기를 만들고 있습니다. 비브라폰을 플루트와 같은 높이로 하면 멜로디 라인보다 선명해지지만, 온화한 분위기는 사라집니다.

⑥ + 글로켄스필

다음은 플루트가 피콜로와 그로켄스필을 서포트하고 있는 경우입니다. 이것은 멜로디가 고음역에만 편중되지 않게 하기 위한 배려입니다. 경쾌하고 산뜻한 울림을 지니고 있어서 멜로디뿐만 아니라 필러 등에도 종종 사용됩니다.

⑦ + 스트링스

오케스트라의 가장 기본적이 기법입니다. a)는 스트링을 보강하는 것이며, b)는 플루트가 옥타브 위에서 멜로디 라인을 담당하여 목관적 색채가 짙어 집니다.

오보에(Oboe)

오보에 음역은 Bb2에서 2옥타브 6도 위의 G5 정도이며, 연주자에 따라 더 높은 음도 가능합니다. 하지만, 실용 음역은 2옥타브 정도로 비교적 좁고, 플루트에 비해서 빠른 연주가 어렵기 때문에 긴 프레이즈를 반복하지 않게 하는 것이 연주자에 대한 배려입니다. 미디로 작업을 할 때도 오보에의 특성을 감안하여 실용 음역내에서 연주되도록 하는 것이 좋습니다.

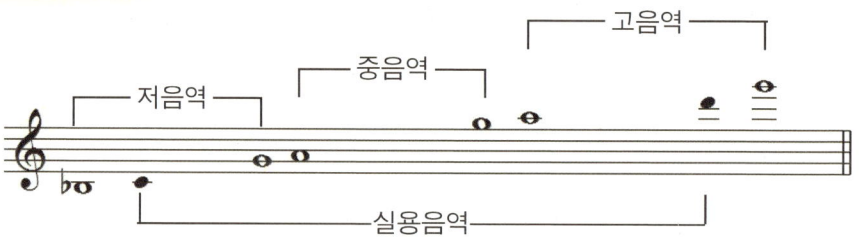

● 음색

저음역 : 더블 리드 특유의 콧소리 같은 인상적인 음색을 가지고 있지만, 약간 거칠고 극단적인 저음역은 불안정해지기 쉽습니다.

중음역 : 솔로에 가장 적합한 음역으로 표현력이 풍부하고, 매력적입니다. 플루트의 같은 음역에 비해 다른 악기에 묻히는 일도 적습니다.

고음역 : 다른 악기에 묻히는 비율은 적지만, 따분하고 힘없는 음이 되기 쉬워서 잘 사용하지 않습니다. 실용 음역 이상의 고음역은 플루트나 피콜로로 편곡하는 것이 일반적입니다.

● 오보에 솔로 및 솔리

오보에는 개성이 강한 음색을 가지고 있기 때문에 목관 악기에서의 하모니 보다는 솔로 및 오브리가토 연주에 적합합니다. 유려한 멜로디에 의한 솔로는 우아한 분위기를 만들기도 하고, 전원적인 정서에서부터 코믹하고 쾌활한 표현까지 가능한 악기입니다. 다만, 실용 음역내에서 연주되도록 하는 것이 좋으며, 곡 전체에 걸쳐서 연주되도록 하면, 오히려 단조로운 느낌을 줄 수 있기 때문에 피하는 것이 좋습니다.

① 오보에 솔로
실용 음역내에서 오보에의 특징을 살린 솔로 입니다.

목관 악기 | 105

② 보컬의 백그라운드

보컬의 오브리가토로 두 번째 반복할 때 등장합니다.

③ 스타카토 주법

오보에의 스타카토 주법은 경쾌하고 코믹한 분위기를 만듭니다.

● 다른 악기와의 컴비네이션

① + 잉글리시 혼
같은 계통의 잉글리시 혼은 음색적으로 잘 융화됩니다.

② + 클라리넷
a)는 오보에의 멜로디를 옥타브 아래에서 클라리넷이 서포트한 것이고, b)는 그 반대의 예 입니다. b)에서는 클라리넷 투티와는 다른 윤기와 화려함이 첨가되는 것을 확인할 수 있습니다. 이는 오보에가 톱니파(Saw) 배음이 많아 1옥타브 또는 2옥타브 위쪽 음색에 변화를 주기 때문입니다. 이러한 오보에 특색을 살려 음색 합성 수법에 이용할 수 있으나 전체적으로 오보에로 채색될 위험도 있습니다.

③ + 트럼펫

오보에는 솔로에 최적화되어 있는 악기이지만, 음향이 부족할 경우에는 뮤트를 붙인 트럼펫을 덧붙이면 좋습니다. 이 경우 오보에의 프레이즈나 음역에 따라서 다르지만, 뮤트는 하몬 뮤트, 컵 뮤트, 스트레이트 뮤트 중에서 선택하면 될 것입니다.

④ + 스트링스

오보에는 스트링스를 보강하는 목적으로 사용하는 것이 대부분입니다. 특히 유니즌은 스트링스에 윤기를 부여합니다.

예 1)

예 2)

클라리넷(Clarinet)

클라리넷은 A관, Bb관, Eb관의 3종류가 있지만, 주로 사용되는 것은 Bb관이며, 기보는 실음보다 1온음 높게 하는 것이 일반적입니다. 클라리넷은 목관악기 중에서 3옥타브 6도의 가장 넓은 음역을 가지고 있고, 다른 악기와 잘 융화되는 음색을 가지고 있어서 목관악기 계열의 바이올린이라는 별칭을 가지고 있습니다.

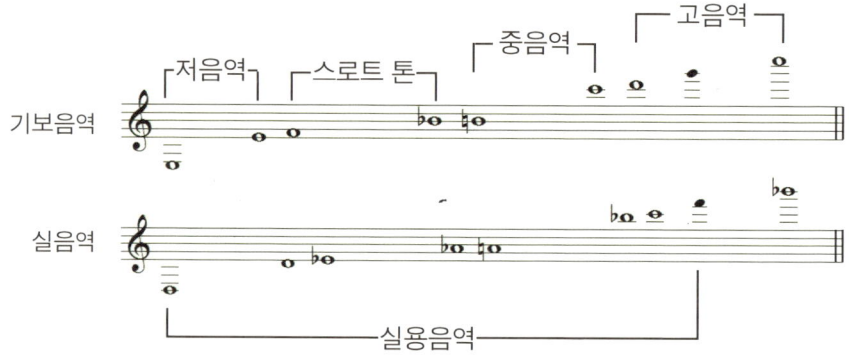

● 음색

저음역 : 샬류모(Chalumeau)라고 하는 음역으로 매력이 충만한 음역입니다.

스로트 톤 : Throat Tone 음역은 클라리넷의 약점으로 음색도 좋지 않고, 연주도 용의하지 않습니다. 물론, 프로 연주자에게는 문제되지 않지만, 가급적 빠른 프레이즈나 솔로는 피하는 것이 좋습니다.

중음역 : 가장 표정이 풍부한 음역으로 음색이 맑습니다. 이 음역을 클라리노 레지스터(Clarino Register)라고도 합니다.

고음역 : 클라리노 음역과 마찬가지로 밝고 맑은 음색이지만, 포르테로 G5 이상의 음은 자극적일 수 있기 때문에 앙상블에서는 잘 사용하지 않습니다.

● 클라리넷 솔로 및 솔리

① 클라리넷 솔로
스로트 톤 음역을 피해서 연주되는 클라리넷 솔로의 예 입니다.

저음역의 감미로운 음색을 살린 서정적인 솔로 연주의 예

딕시랜드 재즈풍의 클라리넷 솔로 연주의 예

② 2개의 클라리넷 솔리
2성 하모나이즈의 주의 사항은 플루트에서 살펴본 내용과 동일합니다.

③ 3개의 클라리넷 솔리
a)는 3성 하모나이즈의 예이며, b)는 멜로디를 옥타브 아래로 겹치는 더블 리드의 예입니다. 더블 리드는 윤곽이 분명한 멜로디 라인을 얻을 수 있습니다.

a) 3성

b) 더블 리드

3개의 클라리넷에 의한 백그라운드로서 저음역의 부드럽고 감미로운 하모니가 보컬을 받쳐주고 있습니다. 저음역에서의 하모니는 백 하모니로 효과적입니다.

④ 3개의 클라리넷과 베이스 클라리넷에 의한 솔리

3성보다 풍부한 울림을 지닌 섹션으로 a)는 4성 솔리, b)는 백 하모니의 예입니다.

⑤ 4개의 클라리넷과 베이스 클라리넷에 의한 솔리

5성의 클라리넷 하모니가 트롬본을 감싸고 있는 편곡입니다.

● 다른 악기와의 컴비네이션

① + 플루트와 오보에
플루트 또는 오보에와 클라리넷 유니즌은 중음역이 충실해지고, 멜로디 라인이 명확히 드러나는 효과가 있습니다. 다만, 악기나 키에 따라 옥타브로 유니즌 되어야 스로트 톤을 피할 수 있습니다.

a) Am - Flute

b) Dm - Flute

C) Am - Oboe

d) Gm - Flute&Oboe

② + 색소폰

클라리넷 5성을 색소폰으로 편성한 경우입니다. 대부분 색소폰 주자는 클라리넷을 연주할 수 있기 때문에 풀 밴드에서 종종 행해지는 앙상블입니다.

③ + 트럼펫

금관 악기와의 컴비네이션은 주로 음색 합성 효과를 목적으로 사용하는 경우가 많습니다. 과거에는 금관 악기 1개에 클라리넷 2개라는 공식이 있었지만, 현대 음향 시스템에서는 무의미합니다. 클라리넷 색체를 강조할 것인지, 브라스를 강조할 것인지, 아니면 동등한 비율로 할 것인지를 믹싱 단계에서 결정합니다.

글렌 밀러 사운드라고 불리는 스타일로 브라스 사운드를 보충하는 역할을 합니다.

④ + 스트링스

클라리넷은 스트링 섹션을 보강하기도 합니다. 다음은 스트링스를 유니즌으로 중복한 예입니다.

다음은 비올라와 첼로의 간격을 클라리넷의 하모니가 보충하는 경우입니다.

색소폰

색소폰은 금관 악기와 1:1 밸런스를 유지할 수 있는 유일한 목관 악기 입니다. 색소폰은 금속으로 제작되었기 때문에 금관 악기로 분류해야 한다는 주장도 있고, 재즈계에서는 아예 독립 파트로 분류를 하기도 합니다. 하지만, 취주 방식이 목관 악기와 동일하기 때문에 목관 악기로 분류하는 것이 일반적입니다. 물론, 파트를 분류하는 것은 학자들의 몫이고, 음악을 하는 사람들에게는 아무 의미 없는 논쟁입니다.

색소폰(Saxophone)은 소프라니노(Sopranino/in Eb), 소프라노(Soprano/in Bb), 알토(Alto/in Eb), 테너(Tenor/in Bb), 바리톤(Baritone/in Eb), 베이스(Bass/in Bb), 콘트라베이스(Contrabass/in Eb), C 멜로디(C Melody/in C)의 8 종류가 있지만, 보편적으로 사용되는 것은 Soprano, Alto, Tenor, Baritone이며, 앙상블 섹션에서는 Alto, Tenor, Baritone 구성이 표준입니다.

● 특징

"금관 악기의 표현력과 목관 악기의 유동성을 동시에 갖추고 있는 악기가 색소폰이다" 라는 말이 색소폰의 특징을 잘 나타내고 있습니다.

음량면에서는 트럼펫이나 트롬본과 1:1로 밸런스를 유지할 수 있으며, 다이내믹 역시 매우 폭넓게 표현할 수 있습니다. 음색은 색소폰 종류에 따라 차이가 있지만 중, 고음역에서의 풍성함은 앙상블 편곡에서도 유리한 장점입니다. 특히, 알토, 테너, 바리톤 색소폰의 음색이 비슷하여 밀집 또는 개리 화음 편곡이 스트링 섹션 못지 않은 자유로움을 가지고 있습니다.

색소폰의 장점이자 단점을 꼽자면 리드를 무는 입술 압박에 폭넓은 음정 변화가 가능하기 때문에 연주자의 실력이 부족하면 탁한 화성이 발생할 수 있으므로, 편곡을 할 때 연주자의 실력을 고려해야 한다는 것입니다. 물론, 미디로 표현하는 경우에는 해당되는 부분이 아니지만, 마우스 피스의 미묘한 변화를 표현할 줄 아는 테크닉이 필요합니다.

● 소프라노 색소폰의 음역과 특징

소프라노 색소폰의 실제 음역은 Ab2-E4이지만, 실용 음역은 Bb2에서 2옥타브+3도의 D4 입니다. 소프라노 색소폰은 Bb조 악기이기 때문에 연주자에게 전달할 악보는 실음 보다 장 2도 높게 기보해야 합니다. 물론, 미디 편곡자들은 C 조로 편곡해도 상관없습니다.

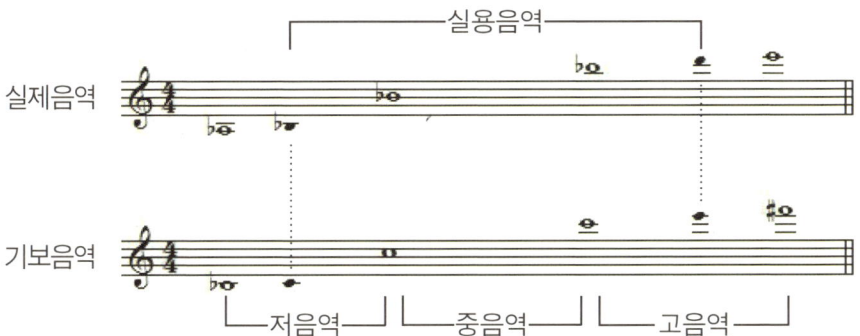

오보에와 비슷한 음색을 가지고 있지만, 조금 더 감미롭습니다. 목가적인 분위기나 동화 같은 환상적인 묘사에 적합하며, 합주보다는 독주용에 적합합니다. F음 이하의 저음역은 탁해지기 쉽고, 음정도 불안정하며, 고음역은 자극적이기 때문에 가급적 중, 저음역내에서 연주되도록 편곡하는 것이 좋습니다.

참고로 Symphony Woodwind는 색소폰을 악기 별로 제공하고 있지 않습니다. 색소폰 파트 편곡에 지장이 있는 것은 아니지만, 솔로 고유 음색이 필요한 경우에는 금관 악기 편에서 살펴볼 Session Horns Pro 라이브러리를 권장합니다.

▲ Session Horns Pro 라이브러리

● 알토 색소폰의 음역과 특징

알토 색소폰은 다양한 제품들이 있지만 보통 실제 음역은 Db2-A4이고, 실용 음역은 Eb2에서 2옥타브+3도의 G4 입니다. 알토 색소폰은 Eb조 악기이기 때문에 연주자에게 전달할 악보는 실음 보다 장 6도 높게 기보해야 합니다.

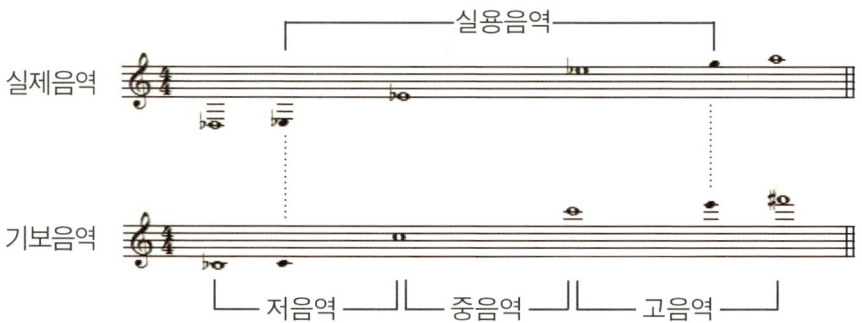

색소폰 파트에서 가장 대중적인 악기로 우아한 음색과 빠른 패시지가 가능하기 때문에 가장 완성된 악기로 알려져 있습니다. 다만, 테너에 비해 파워가 부족하기 때문에 하드 록 솔로 악기로는 잘 사용하지 않습니다.
저음역은 살짝 어둡지만 풍부한 사운드를 만들 수 있습니다.
중음역은 색소폰 파트 중에서 가장 아름다운 소리를 가지고 있습니다. 특히, 비브라토를 걸지 않으면, 혼과 혼동될 정도로 비슷한 음색을 내주기 때문에 혼의 하모니를 보충하는데도 사용됩니다. 이경우 악보에 Non Vibrato 또는 N.V 등을 표기하여 연주자가 편곡자의 의도를 알 수 있도록 합니다.
고음역은 울림이 약하기 때문에 약간 공허한 소리를 냅니다. 이것은 다른 색소폰도 마찬가지 이지만, 이러한 약점을 살려서 색다른 분위기를 연출하고 있는 곡들도 많습니다.

● 테너 색소폰의 음역과 특징

테너 색소폰의 실제 음역은 소프라노 보다 한 옥타브 낮은 Ab1-E4이며, 실용 음역은 Bb1에서 2옥타브+3도의 D4 입니다. 테너 색소폰은 Bb조 악기이기 때문에 연주자에게 전달할 악보는 실음 보다 장 9도 높게 기보해야 합니다.

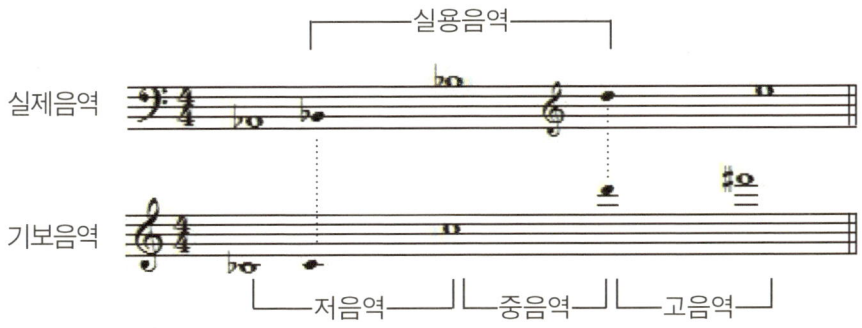

남성적이라고 표현할 만큼 힘차고 풍부한 중, 저음역을 가지고 있습니다. 단, 고음역의 주의 사항은 알토와 동일합니다.

● 바리톤 색소폰의 음역과 특징

알토 색소폰 보다 한 옥타브 낮은 Eb조 악기이기 때문에 연주자에게 전달할 악보는 실음 보다 장 13도 높게 기보해야 합니다.

트롬본 섹션 및 베이스 음역을 강화하는데 사용되며, 베이스 클라리넷이나 파곳 대신 사용되는 경우도 있습니다.
중음역과 저음역 후반까지가 가장 아름다우며, 중음역 후반에서 고음역은 별로 실용적이지 않습니다. 편곡을 할 때는 보이싱을 변경하더라도 중, 저음역에서 연주될 수 있도록 하는 것이 좋습니다.

색소폰 솔리

● 2개의 색소폰 솔리 - 유니즌

2개의 색소폰에 의한 솔리는 다음과 같은 컴비네이션이 가능하며, 가장 보편적인 편곡은 옥타브 유니즌 입니다.
① 소프라노 색소폰 + 소프라노, 알토, 테너, 바리톤(2옥타브)
② 알토 색소폰 + 알토, 테너, 바리톤
③ 테너 색소폰 + 테너, 바리톤
④ 바리톤 색소폰 + 바리톤

이상 10가지 컴비네이션은 모두 가능하지만, 소프라노와 알토, 알토와 테너, 테너와 바리톤으로 음역이 이웃한 악기를 사용하는 것이 보편적입니다. 특히, 소프라노와 바리톤처럼 음악적으로나 음색적으로 크게 다른 경우에는 그것들의 조건을 충분히 고려해서 프레이즈를 만들지 않으면 무의미한 편곡이 될 수 있습니다.
예를 들어 다음 멜로디를 옥타브 유니즌으로 편곡할 때 A)-C)와 같은 악기 컴비네이션이 가능하지만, 실용 음역을 벗어나지 않게 하는 것이 좋습니다.

A) 소프라노+알토 색소폰
두 악기 모두 중저음역에 너무 치우쳐 있어서 음색적으로 어울리지 않습니다. 특히, 알토 색소폰이 너무 낮습니다. 그러나 서브 톤(Sub-tone) 연주라면 무난합니다.

B) 알토+테너 색소폰

두 악기 모두 실용 음역내에서 연주되고 있습니다. 울림도 좋고, 가장 효과적인 컴비네이션 입니다.

C) 알토+바리톤 색소폰

바리톤이 너무 높아서 좋은 울림을 기대하기 어렵고, 표정도 부족합니다. 이보다 3도 정도 낮은 곡이라면 무난합니다.

같은 음으로 유니즌 하는 경우에는 단순히 음량 증가를 위한 것 보다는 연주자에 따른 미묘한 차이로 인한 코러스 효과를 만듭니다. 이것은 코러스라는 이펙트를 사용하는 것과는 다른 느낌을 주기 때문에 미디에서 자주 사용하는 테크닉이며, 다음 예와 같이 알토+알토처럼 같은 음역의 악기가 좋습니다. 물론, 음역에 무리가 없다면 알토+테너처럼 이웃한 악기와의 컴비네이션으로 색다른 음색을 만들 수 있습니다.

앞의 예를 옥타브로 유니즌 할 때는 알토와 바리톤이 좋고, 알토와 테너에서는 테너 음역이 조금 낮아서 거슬리는 울림이 되기 쉽습니다. 물론, 다음 예와 같이 Fm 키에서는 좋습니다.

▶ 서브 톤(sub-tone) : 숨소리가 들리는 것처럼 여리고, 부드럽게 연주.

● 2개의 색소폰 솔리 - 2성 하모니

하모나이즈 방법은 다른 악기와 같지만, 악기 음역에 주의 합니다.
악보 A)는 나쁘지 않지만, 2nd 알토가 조금 낮습니다. 이런 경우 악보 B)와 같이 2nd 을 테너로 보이싱하면 전체 울림이 훨씬 좋습니다.

A) 2개의 알토

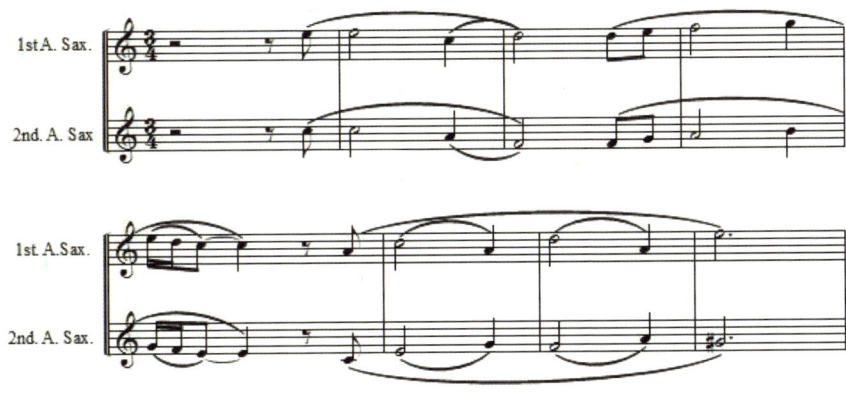

B) 알토+테너

같은 악기의 2성 하모니라도 실용 음역에서 연주되는 경우에는 부드러우면서도 화려한 사운드를 만들 수 있습니다.

● 3개의 색소폰 솔리

3개 이상의 색소폰 솔리에서도 각 악기의 실용 음역을 지키고, 음색과 음량 밸런스를 고려해야 한다는 주의 사항은 2개의 솔리 때와 같습니다.
3개의 색소폰 편성은 다음과 같습니다.
① 알토 2 + 테너 색소폰
② 알토 + 테너 + 바리톤 색소폰

①은 나인 피스(nine pieces)라고 하는 9인조 재즈 밴드의 스탠다드 편성입니다.
투티 연주에서 저음역이 부족할 수 있기 때문에 힘있는 사운드를 구사하는데 어려움이 있지만, 팝이나 댄스 음악에서 기본적으로 사용되는 편성입니다.

②는 바리톤으로 저음역을 보충할 수 있지만, 솔리 연주에서 아무래도 고음역으로 연주될 경우가 많기 때문에 좋지 않은 울림을 만들 수 있습니다. 재즈 음악에서 주로 사용되는 편성입니다.

다음 악보는 2개의 색소폰 예에서 사용했던 멜로디를 A) 옥타브 유니즌, B) 3성 하모니, C) 더블 리드로 편곡한 경우입니다.

A) 옥타브 유니즌

테너 색소폰이 너무 낮아서 울림이 좋지 않습니다. 이 음역이라면 알토+테너+바리톤의 편성에 의한 옥타브 유니즌이 좋습니다.

B) 3성 하모니

4도 정도 위까지 무난한 편곡입니다. 다만, 알토+테너+바리톤으로 편성할 경우에는 바리톤이 너무 높아서 좋지 않습니다.

C) 더블 리드

알토와 테너의 2성 하모니에 바리톤을 옥타브 아래로 겹친 솔리입니다. 이것을 더블 리드라고 하며, 윤곽이 분명하고, 풍부한 라인을 얻을 수 있으므로, 중후한 하모니가 필요없는 솔리에서 종종 사용되는 편곡 기법입니다.

다음은 텐션을 포함한 4도 구성의 하모니에 의한 재즈 사운드 솔리의 예입니다. 이러한 하모나이즈는 색소폰 솔리뿐만 아니라 3관 편성의 캄보에서도 종종 사용됩니다.

● 4개의 색소폰 솔리

풀 밴드에서는 4-5개의 색소폰 편성이 주로 사용됩니다. 스윙 시대에는 ①의 편성이 많이 사용되었지만, 요즘은 거의 ② ③ 편성으로 구성합니다.
① 알토 2 + 테너 2
② 알토 2 + 테너 + 바리톤
③ 알토 + 테너 2 + 바리톤

다음은 앞에 2개의 솔리 멜로디를 더블 리드로 하모나이즈 한 것이며, 하모니 움직임에 중점을 둔 솔리의 예입니다.

이러한 곡은 오히려 멜로디를 솔로로 하고, 다른 파트를 반주로 배치하는 것이 풍부한 사운드를 만드는데 유리합니다.

리드미컬한 프레이즈에서 앞의 예와 같은 오픈 보이싱은 끌리는 듯한 무게감이 느껴지기 때문에 좋지 않습니다. 다음은 4 색소폰에 의한 클로즈 보이싱 편곡입니다.

앞의 예는 알토 2 + 테너 2의 편성인데, 이것을 알토 2 + 테너 + 바리톤으로 편성을 하면 다음과 같이 바리톤 색소폰이 너무 높아서 밸런스가 무너집니다.

앞의 예와 같이 바리톤 음역에 문제가 있을 경우에는 멜로디 이외의 음을 옥타브 내려 바리톤에 배치합니다. 다음은 드롭 2 보이싱 입니다.

다음은 드롭 3 보이싱 입니다.

● 5개의 색소폰 솔리

5개의 색소폰 하모나이즈에서는 바리톤 색소폰에 코드의 밑음과 5음을 배치하는 것이 좋고, 3음은 D2, 7음은 E2, 텐션은 G2로 제한하는 것이 좋습니다. 특히, '로 인터벌 리미트(low interval limit)'의 주의 사항도 고려해야 합니다.

'로 인터벌 리미트(low interval limit)는 저음역에서 두 음 사이의 음정 한계를 말합니다. 이 한계보다 낮은 음역에서 두 음의 울림은 각 음에서 생기는 배음의 간섭으로 사운드가 불투명해지기 때문에 다음 악보와 같이 저음역 2성 보이싱은 이 한계 이하에서 사용하는 것을 피해야 합니다. 물론, 대편성의 경우에는 ( )안의 음정과 같이 2-3도 아래까지 허용 범위를 넓혀서 사용하는 경우도 있으며, 완전 1도(유니즌)와 완전 8도(옥타브)는 한계가 없습니다.

또한 최저 성부가 밑음이 아닐 때에는 그 하부에 밑음을 배치하여 두 음 사이의 '로 인터벌 리미트'를 고려해야 합니다. 예를 들면 다음 악보에서 하부(a)의 2 음정 사이는 완전 4도의 '로 인터벌 리미트'이지만, 그 하부에 밑음(b)을 배치하면 음정이 단 7도가 되어 '로 인터벌 리미트'를 크게 벗어나 Cm7 코드 사운드를 기대할 수 없습니다. 따라서 이 경우에는 보이싱을 (c-f)로 변경할 필요가 있는 것입니다. (c)는 단 3도, (d)는 단 7도, (e)은 장 2도, 그리고 (f)는 단 7도 '로 인터벌 리미트' 범위 내에 배치되기 때문에 모두 원하는 코드 사운드를 얻을 수 있습니다.

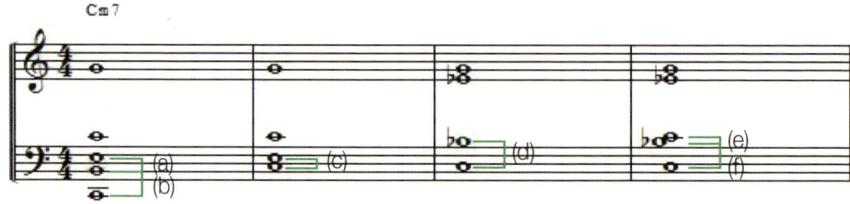

5 색소폰 편곡의 예 입니다.

스윙 리듬의 곡에서는 상 4성을 클로즈 보이싱으로 하는 것이 좋습니다.

5 색소폰의 클로즈 보이싱 예 입니다.

노트가 많은 프레이즈는 강한 액센트를 수반하는 솔리에 적합합니다.

브라스 섹션의 간격을 누비는 효과적인 옥타브 유니즌의 예 입니다.

색소폰 솔리의 음색을 변화시킬 때나 멜로디를 알토 색소폰이 연주하기에 조금 낮은 경우에는 리드 파트를 테너 색소폰으로 연주하게 하는 것도 좋습니다. 테너 색소폰의 실용 음역을 리드로 해서 윤각이 뚜렷하고 힘찬 사운드가 되었습니다.

색소폰 백그라운드

● 카운터 라인

멜로디와 대위적으로 움직이는 오블리카토를 카운터 라인이라고 합니다.
다음 예 Ex.A)와 Ex.B)는 색소폰에 의한 카운터 라인으로 하모니의 흐름을 완만한 선율로 묘사하고 있습니다.

Ex.A)

Ex.B)

카운터 라인은 유니즌 또는 옥타브가 자주 사용되지만, 하모니를 충당하는 경우도 많습니다. 특히, 다음의 예처럼 다른 악기의 대선율이 편입될 경우에는 롱 톤을 주체로 움직임이 작은 하모니가 좋습니다.

● 카운터 라인의 역할과 작성법

카운터 라인은 멜로디를 보조하기 위한 것이지만, 필러나 오브리카토를 받쳐 주는 등, 사용 범위가 넓고 다양합니다. 카운터 라인은 멜로디와 상대적인 것이기 때문에 원칙적으로는 멜로디보다 낮은 위치에 배분됩니다. 멜로디 보다 높은 위치에 배분되는 것은 오브리카토라고 할 경우가 많습니다.

카운터 라인의 역할은 다음과 같습니다.
- 멜로디에 대한 하모니를 보충하기 위한 홀 음으로 사용된다. 다만, 보컬의 백그라운드에서는 가수의 음정을 불안정하게 하는 카운터 라인은 쓰지 말아야 한다.
- 악곡의 특징적인 하모니 진행을 만들기 위해 사용된다.
- 클라이맥스 수단으로 사용된다.
- 멜로디의 흐름을 원활히 하기 위해 사용된다.

다음은 카운터 라인의 작성법 입니다.
- 악곡의 특징적인 코드 톤 연결에 의해 작성되는 것이 일반적이지만, 텐션을 사용하는 경우도 많다.
- 멜로디와 대비해서 아름답게 울리도록 2성으로 보이싱한다.
- 장식적이고 섬세한 플레이즈는 가급적 사용하지 않는다.
- 카운터 라인 자체의 움직임이 가능한 원할하게 진행되도록 한다.
- 멜로디와 동시 진행은 피하는 것이 좋다.
- 멜로디와 동시에 진행할 경우에는 3도 이상의 간격을 둔다.
- 멜로디와 동음 진행은 대부분 효과가 없다.

● 리듬 카운터 라인

카운트 라인을 하모나이즈해서 리드미컬한 프레이즈로 변화시킨 것을 〈리듬 카운터〉라고 합니다. 다음은 4개의 색소폰으로 리듬 카운터를 만들고, 바리톤으로 베이스 라인을 보강하는 예 입니다.

다음의 예는 재즈 사운드의 리듬 카운터 입니다. 텐션이 사용되고 있습니다.

● 스프레드(Spread)

스프레드(Spread)는 '확대하다'라는 의미로 색소폰 섹션을 오픈 보이싱으로 연주하는 백그라운드 수법 중의 하나입니다.

a) 4개의 색스폰 스프레드
편성은 알토, 테너2, 바리톤 또는 알토2, 테너, 바리톤으로 합니다. 배치 순서는 멜로디에 따라 달라지지만, 기본 원칙은 다음과 같습니다.

① 바리톤에 코드의 밑음을 배치한다.

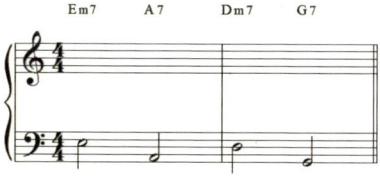

② 테너 II에 코드의 3음이나 7음을 배치한다. 3음을 배치했을 때는 '로 인터벌 리미트'에 주의하며, 바리톤과의 음정은 10도 이내로 한다.

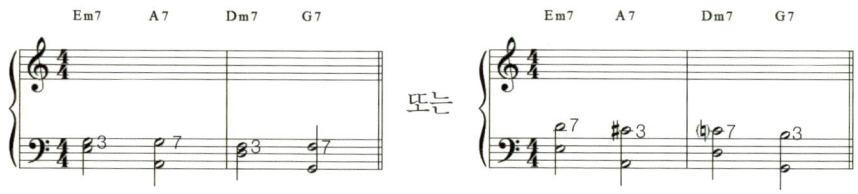

또는

③ 테너 I에 테너 II와 중복되지 않는 3음이나 7음을 배치한다.

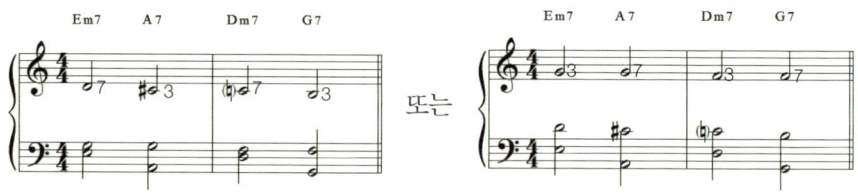

또는

④ 알토에 코드의 5음이나 텐션을 배치한다. 마이너 세븐 코드에서는 밑음을 중복해도 좋다. 알토와 테너 I의 음정은 장 7도를 넘어서는 안 되며, 알토는 기보 음역으로 B4-A5 범위를 지켜준다.

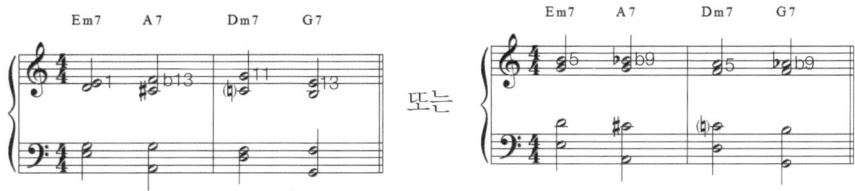

알토 색소폰 솔로를 4개의 색소폰에 의한 스프레드로 서포트하고 있는 예 입니다.

b) 5개의 색소폰 스프레드

5개의 색소폰 스프레드는 4 스프레드를 기본으로 다음과 같은 3가지가 있습니다.

① 알토 I을 독립시켜 오블리카토풍으로 움직이게 한다.

② 바리톤을 독립시켜 베이스 라인풍으로 움직이게 한다.

③ 알토 I에 배치되지 않은 코드 톤이나 텐션을 알토 II에 배치한다.

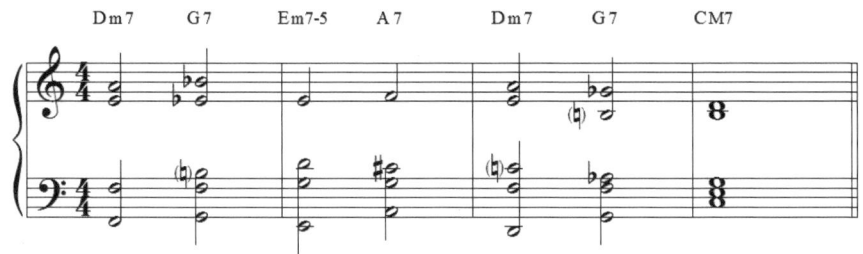

다음은 트럼펫 유니즌 멜로디를 5 색소폰 스프레드로 받쳐주는 예 입니다.

● 다른 악기와의 컴비네이션

색소폰은 민첩성이 뛰어나고 넓은 다이내믹을 가지고 있기 때문에 강력한 브라스 섹션으로부터 음량이 작은 스트링 섹션까지 잘 융화되는 악기입니다.

a) + 브라스

재즈나 록 캄보 밴드에서 조합의 대상이 되는 관악기의 음역에 따라 다르지만, 일반적으로 다음과 같은 편성이 많습니다.

2혼 - ① 트럼펫 + 알토 ② 트럼펫 + 테너 (2혼에서 주로 사용)
3혼 - ① 트럼펫 + 알토+ 테너 ② 트럼펫 + 알토 또는 테너 + 트롬본
4혼 - ① 트럼펫2 + 테너 + 트롬본 ② 트럼펫 + 알토 + 테너 + 트롬본

2혼 및 3혼은 발라드 이외에는 유니즌으로 테마를 연주할 경우가 많고, 하모니를 만들 경우는 적습니다. 특히 록이나 소울에서는 유니즌을 많이 사용합니다.

다음은 3혼 ① 편성에 의한 재즈 넘버 입니다. 빠른 템포(Medium Fast)에도 불구하고 일부분을 하모니로 연주하고 있는 비교적 드문 예 입니다.

다음은 전형적인 하드 밥 넘버로 혼 섹션이 옥타브 유니즌으로 되어 있는 예 입니다.

다음은 보컬의 백그라운드에서 하모니를 만드는 예 입니다.

b) + 스트링스

스트링스와 색소폰의 조합에서 가장 많이 사용되는 것은 스트링 섹션의 멜로디 라인에 색소폰 섹션의 백그라운드 입니다. 스트링 색소폰의 유니즌은 강력한 투티 외에는 별 의미가 없지만, 음색 효과나 중후한 사운드를 만들기 위해서 간혹 사용되기도 합니다. 다만, 믹싱 과정에서 음량 밸런스에 주의해야 합니다.

다음은 바이올린 섹션과 소프라노 색소폰의 유니즌에 대한 예 입니다.

다음은 보컬의 백그라운드 하모니를 저음의 스트링과 색소폰 섹션이 만들고, 바이올린의 오블리카도를 붙인 예 입니다.

3

금관 악기
Brass

금관악기 브라스(Brass)

악기 관과 연결된 마우스피스에 공기를 불어넣어 입술의 진동으로 소리를 나게 하는 악기로 구리합금이나 은과 같은 금속 재료로 제작됩니다. 하지만, 플루트나 색소폰 등, 오늘날 만들어지는 대부분의 목관악기도 금속 재료로 만들고 있기 때문에 악기 소재만으로는 구분하기는 어렵고, 목관 악기 편에서 설명한대로 취주 방식으로 구분하는 것이 일반적입니다. 팝에서는 강하고 화려한 소리를 가지고 있는 금관 악기를 솔로 사용하는 경우는 드물고, 멜로디를 받쳐주는 화음이나 타악기적 용법으로 사용합니다.

팝에서 금관 섹션은 트럼펫, 트롬본, 혼이 주로 사용되며, 브라스 밴드에서 베이스 파트를 맡는 튜바가 추가되기도 합니다.

① 트럼펫
금관 악기 중에서 가장 화려한 소리를 가지고 있어 솔로 연주에도 자주 등장하며, 같은 계열로는 프뤼겔 호른이 있다.

② 트롬본
트럼펫과 함께 저음역 보이싱 악기로 사용되는 것이 일반적이며, 큰 편성에서는 베이스 트롬본이나 튜바가 추가되기도 한다.

③ 혼(호른)
금관 악기지만 목관에 가까운 음색을 가지고 있기 때문에 어떤 섹션과도 어울린다는 특징을 가지고 있다.

금관 라이브러리
Session Horns Pro
Performance | Keyswitch | Solo Instruments

Session Horns Pro는 2개의 트롬본과 3개의 트럼펫, 튜바 및 플뤼겔호른의 7가지 금관 악기와 알토, 테너, 바리톤의 3가지 섹소폰을 제공합니다.

Komplete에는 트럼펫, 트롬본, 혼, 튜바의 금관 악기로만 구성된 Symphony Series Brass Solo 및 Ensemble 라이브러리가 포함되어 있지만, 앞에서 살펴본 Symphony Series Woodwind 라이브러리와 사용법이 동일하기 때문에 여기서는 Session Horns Pro를 가지고 실습을 진행하겠습니다.

● Session Horns Pro - Performance

Main 창은 4개의 파트로 구성되어 있으며, 각 파트를 클릭하여 악기를 변경할 수 있습니다. 베이스와 소프라노는 콤비(Combi) 선택이 가능합니다.

▶ Section Preset : Main 창 왼쪽 상단에 위치한 Section Preset은 악기 구성을 스타일별로 선택할 수 있는 메뉴를 제공합니다.

▶ Voicing Assistant : Main 창 오른쪽 상단에 위치한 Vocing Assistant는 성부별로 연주되는 악기의 음역 분산 방법을 선택할 수 있는 메뉴를 제공합니다.

Polyphonic : 각 파트의 악기가 음역별로 연주됩니다. 음역이 겹치는 부분에서는 동시에 연주됩니다.
Smart Voice Split : 모든 파트의 악기가 음역별로 나뉘어 동시에 연주됩니다.
Legato : 각 파트의 악기가 싱글로 연주됩니다. 멜로디 연주에 적합합니다.
Chord+Legato : 코드 연주시 각 성부가 파트별로 분리되어 연주됩니다.
Animator : 프레이즈가 연주됩니다. 프레이즈는 창 아래 Animator에서 선택할 수 있으며, Indie, Latin, Jazz Funk, Pop, R&B, Reggae 스타일로 제공됩니다.

● Articulation

Animator를 제외한 나머지 4가지 Voicing Assistant를 선택했을 때 적용되는 연주 모드 입니다. Threshold에서 설정한 벨로시티 값을 기준으로 그 이하의 세기로 연주할 때는 왼쪽 Main에서 선택한 주법으로 연주되고, 이상의 세기로 연주할 때는 오른쪽 Velocity switch에서 선택한 주법으로 연주됩니다.

▶ Main : 비브라토(Vibrato)와 논 비브라토(Non Vibrato) 주법을 제공합니다.

▶ Velocity switch : FoPiCre 2Beat를 비롯한 14가지 주법을 제공합니다. Session Horn Pro - Keyswitch는 각각의 주법을 C-1에서 G#-1까지 9개의 키에 할당하여 리얼로 연주할 수 있습니다.

▶ Humanize : 오른쪽에 위치한 Humanize 노브는 각 파트의 연주 타이밍, 튜닝, 속도 등을 변화시켜 실제 사람이 연주하는 듯한 효과를 연출합니다. 0의 값은 모든 것이 일치하며, 값을 높일수록 조금씩 어긋납니다.

● Smart Chord

Voicing Assistant 아래쪽에 Smart Chord 옵션을 체크하면, 하나의 노트로 코드를 연주할 수 있으며, 톱니바퀴 모양의 아이콘을 클릭하면 코드 구성 창이 열립니다.

스케일은 루트+메이저(Maj), 마이너(Min), 도미넌트(Dom7), 도리언(Dorion)으로 변경할 수 있으며, 검은 건반에 할당된 텐션 노트를 확인할 수 있습니다. 텐션은 선택된 스케일을 기준으로 합니다.

Warm : 7, 9 텐션을 추가합니다.
Colour : 9, 11, 13 텐션을 추가합니다.
Crunch : 얼터드 스케일 노트를 사용합니다.
Cinematic : 오픈 쿼털 하모니를 사용합니다.
Tension : #9, b13, b9 텐션을 추가합니다.

C Major 스케일을 바탕으로 대부분의 코드에 Warm과 Colour를 연주할 수 있지만, 나머지 Crunch, Cinematic, Tension은 V(G) 코드에서 사용하는 것이 좋습니다. 얼터드 스케일은 코드 구성음을 임시표로 변화시킨 것이며, 쿼털 하모니는 코드를 4도 간격으로 보이싱한 것으로 모두 재즈에서 많이 사용합니다.

● Animator

Voicing Assistant 메뉴에서 Animator를 선택했을 때 적용되는 프레이즈 연주 모드입니다. 프레이즈는 장르마다 C-1에서 A-1까지 10개의 키에 할당됩니다.

▶ Tempo : 연주 속도를 선택합니다. X2는 두 배 빠르게, 1/2는 두 배 느리게 입니다.
▶ Swing : 스윙감을 추가합니다.

▶ 장르 및 스타일 선택

Swing 노브 오른쪽에 장르와 스타일을 선택할 수 있는 메뉴가 있으며, 스타일 마다 C-1에서 A-1까지 10개의 키를 선택하여 할당할 수 있습니다. 리얼로 프레이즈 키를 선택하려면 마스터 건반의 Transpose를 -12로 설정하여 옥타브를 내립니다. 61/49 건반 사용자라면 -24로 2옥타브를 내려야 할 수도 있으므로, 버츄얼 키보드를 사용합니다.

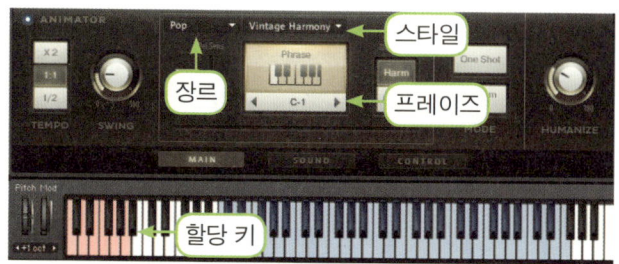

▶ 사용자 구성

장르 구분없이 자주 사용하는 프레이즈를 10개의 키에 재할당 할 수 있습니다.
렌치 모양의 아이콘을 클릭하면 키 할당 창이 열립니다. 왼쪽에서 건반을 선택하고, 오른쪽 폴더 목록에서 원하는 장르의 프레이즈 (*.mid)를 더블 클릭하면 됩니다.

▶ Option

Start : 프레이즈의 시작 위치를 결정합니다.
Length : 프레이즈의 연주 길이를 결정합니다.
Sixth : 식스 코드 연주시 1도 메이저(Maj) 또는 6도의 마이너(min)의 선택 여부를 결정합니다. 예를 들어 C6 코드와 Am7 코드를 구분하는 것입니다.

▶ Dynamic : 벨로시티의 감도를 결정합니다. 값이 높을수록 연주하는 벨로시티 값을 그대로 인식합니다.

▶ Harmony : 하모니(Harm) 또는 유니즌(Unison) 선택 버튼 입니다.

▶ Mode : One Shot은 건반을 눌렀을 때 프레이즈가 한 번 연주되며, 다른 건반을 누를 때까지 연주됩니다. Rhythm Only 프레이즈의 리듬 구간을 연주합니다.

● Control

외부 미디 컨트롤러를 이용하여 연주 방식을 제어할 수 있습니다.

▶ Dynamic Control

다이내믹 범위를 벨로시티(Velocity)로 컨트롤할 것인지, 익스프레션 페달(Midi CC11)로 컨트롤 할 것인지를 선택합니다. Velocity를 선택한 경우에는 오른쪽 목록에서 다이내믹 변화폭을 선택할 수 있습니다. 건반 타입에 따라 Soft 및 Hard를 선택합니다.

▶ Pitch Wheel

피치 휠을 이용해서 Doits/Falls 주법을 연출할 수 있습니다. Normal은 피치 휠의 기본 기능이며, on Note은 건반을 누를 때, on release은 건반을 놓을 때 연주됩니다.

▶ Samples

악기에서 제공하는 샘플의 연주 여부를 선택합니다. Release Samples은 건반을 놓을 때 연주되는 샘플, Round Robin는 아티큘레이션에 따라 연주되는 샘플을 의미합니다. Time Stretching은 샘플의 길이를 큐베이스 및 로직에서 설정한 템포대로 조정되게 합니다.

● Sound

Sound 탭은 각 파트의 악기 및 전체 사운드를 컨트롤할 수 있는 이펙트를 제공합니다. 각 파트에는 볼륨 및 팬 등을 컨트롤할 수 있는 채널이 표시됩니다. Drop은 해당 악기를 한 옥타브 내려서 연주되게 하는 버튼입니다. 본서는 편곡 기법을 학습하는 것이 목적이므로, 이펙트에 관한 자세한 설명은 생략하고, 간단하게 기능만 정리합니다. 이펙트 학습은 믹싱과 마스터링 서적을 참조하기 바랍니다.

▶ Instrument FX

파트에서 선택한 악기에 컴프레서와 EQ를 적용합니다.

Comp : 큰 소리를 압축하여 전체 레벨을 올리는데 사용되는 이펙트 입니다. Threshold에서 설정한 레벨 이상의 사운드를 Ratio에서 설정한 비율로 압축합니다. Attack은 압축 시작 타임, Release는 압축 해제 타임을 조정하며, Make up은 전체 레벨을 조정하고, Mix는 원 소스와 컴프레서 소스의 비율을 조정합니다.

EQ : 주파수를 보정하는 장치입니다. 4밴드를 제공하고 있으며, Low와 High는 Freq 노브 오른쪽 버튼 On/Off로 쉘빙 또는 벨 타입을 선택합니다.

Name	Frequency Reage	Filter Type
Low	40Hz - 600Hz	Shelving, Bell
Lower Mid	200Hz - 2.5 kHz	Bell
Upper Mid	600Hz - 7kHz	Bell
High	1.5kHz - 22kHz	Shelving, Bell

Send : Global Send FX의 리버브 및 딜레이 값을 선택한 악기에 전송합니다.

▶ Global Send FX

Instrument FX로 전송할 리버브 및 딜레이 값을 설정합니다.

Delay : 흔히 에코라고 불리는 장치로 사운드를 반복합니다. Time은 반복 간격, Feedback은 반복 횟수, Damp는 고주파 감소율, Rtn Lvl은 레벨을 조정합니다.

Reverb : 공간의 울림을 시뮬레이션 하는 장치 입니다. 공간은 그림 아래쪽의 메뉴를 클릭하여 선택할 수 있으며, Rtn Lvl로 레벨을 조정합니다.

▶ Global Master FX

전체 사운드에 Comp, EQ, Tape, Twang, LP2를 적용합니다.

Tape : 이름 그대로 아날로그 시대의 테이프 레코딩 효과를 연출합니다.
Gain - 아날로그 테이프의 고음역 왜곡량을 조정합니다.
Warmth - 저음역 레벨을 조정하여 아날로그의 따듯함을 연출합니다.
HF Rolloff - 고음역 차단 주파수를 설정합니다.
Output - 출력 레벨을 조정합니다.

Twang : 기타 앰프 효과를 연출합니다.
Volume - 입력 레벨을 조정합니다.
Bass/Mid/Treble - 저음, 중음, 고음역의 레벨을 조정합니다.
Output - 출력 레벨을 조정합니다.

LP2 : 고음역을 차단하는 로우 패스 필터 입니다. Cutoff로 차단 주파수를 설정하고, Resonance로 주파수 범위를 조정합니다.

● Session Horns Pro - Keyswitch

C-1에서 G#-1까지 9개 키에 주법이 할당되어 있어 리얼 연주가 가능한 악기입니다. 각 키의 메뉴를 클릭하여 자주 사용하는 주법으로 변경할 수 있습니다.

Non Vibrato / Vibrato : 비브라토 연주. On / Off

Marcato Long / Medium : 음 하나 하나를 강조하며 연주. 길게 / 보통

Staccato : 음을 짧게 연주.

Staccatissimo : 음을 아주 짧게 연주.

Rips : 음을 끌어 올리며 연주.

Grace / Vibrato : 음을 매끄럽게 끌어 올리며 연주. / 비브라토

FoPiCre 2Beats / 4Beats : 2박자 또는 4박자 길이로 점점 여리게 연주.

Growl / Vibrato : 칼톤으로 알려진 색소폰 특유의 연주. / 비브라토

Brass Shake : 음을 흔드는 브라스 특유의 연주.

Sax Trill Semi / Whole: 반음(Semi) 또는 온음(Whole) 트릴 연주

Empty : 사용하지 않는 키는 Empty를 선택하여 메모리를 확보할 수 있습니다.

● Solo Instrument

Session Horn Pro에서 제공하는 10가지 관악기를 솔로로 연주 할 수 있는 라이브러리 입니다. 악기별로 음역이 정해져 있고, Keyswitch 기능을 사용할 수 있기 때문에 보다 현실적인 작업이 가능합니다.

Performance 및 Key Switch에서 성부별로 연주되는 악기의 음역 분산 방법을 선택할 수 있는 Vocing Assistant 메뉴가 Sound 설정 프리셋을 선택할 수 있는 Instrument Preset 메뉴로 제공된다는 것 외에는 모두 동일합니다. 입문자도 자신의 음악 스타일에 어울리는 Sound를 메뉴 선택만으로 만들 수 있는 것입니다.

참고로 제작사는 16개의 주법을 9개의 키에 할당하여 연주할 수 있는 Key Switch는 라이브에 적합하고, Performance는 시퀀싱 작업에 적합하다고 하지만 특별히 구분 할 필요는 없습니다.

트럼펫(Trumpet)

트럼펫은 Bb관, C관, D관, Eb관 등이 있지만, 가장 일반적인 것은 Bb 관입니다. 따라서 악보는 실음보다 장 2도 높게 기보합니다.

트럼펫의 실음역은 F#2에서 F#5의 3옥타브 정도이지만, 실용 음역은 위/아래로 5도씩 줄인 C3에서 C5의 2옥타브 정도입니다. 물론, 주자에 따라 고음역을 쉽게 연주하는 경우도 있으므로, E5 음까지 사용해도 어색하지 않습니다.

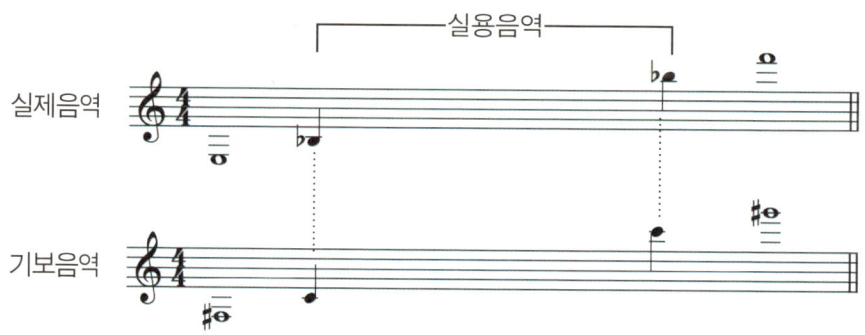

트럼펫 역시 입으로 부는 악기이기 때문에 목관 악기와 마찬가지로 호흡을 고려하여 작업을 해야 자연스럽습니다. 특히, 트럼펫은 같은 포지션에서 여러 음이 나기 때문에 다음과 같은 트릴 연주에 어려움이 있습니다. 물론, 주자의 테크닉에 따라 차이를 보이지만, 가급적 피하는 것이 좋습니다.

트롬본(Trombone)

트롬본은 구조상 Bb 악기 이지만, in C 악보로 기보합니다. 그리고 저음 악기이기 때문에 낮은 음자리표를 사용합니다.

트롬본은 호흡의 지속시간이 트럼펫 보다는 짧을 수 밖에 없기 때문에 이를 감안하여 표현하는 것이 정석입니다. 하지만, 미디 작업을 할 때 너무 의식을 하면, 음악 작업에 방해가 될 수 있기 때문에 다른 관악기와 마찬가지로 노래를 해보면서 작업을 한다면 큰 무리가 없습니다.

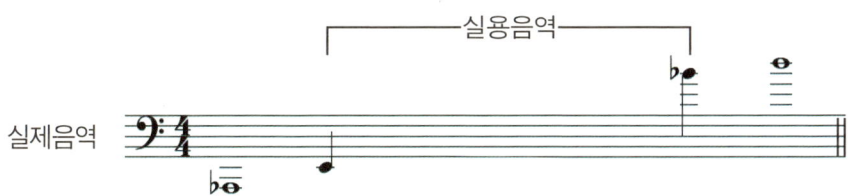

트롬본은 전체 음역의 연주가 용의하기 때문에 특별히 실용 음역을 구분할 필요는 없지만, 저음역에서의 빠른 프레이즈는 피하는 것이 좋습니다.

트롬본은 포지션의 움직임으로 음을 만드는 악기입니다. 그래서 실제 연주와 같은 테크닉을 구사하기 위해서는 각 포지션의 배음열을 알고 있어야 유리하지만, 너무 의식할 필요는 없습니다. 다만, 저음역에서는 하나의 음을 두 종류 이상의 포지션에서 연주할 수 있는 것이 적기 때문에 가급적 빠른 프레이즈를 피하는 것이 좋습니다.

특히, 트릴 주법은 입술로 연주를 하기 때문에 장 2도 간격의 음 배열이 가능한 고음역으로 국한하는 것이 좋습니다.

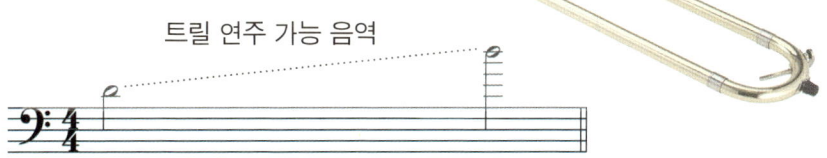

● 2개의 트럼펫을 중심으로 한 컴비네이션

다음 멜로디를 2개의 트럼펫으로 편곡을 한다고 했을 때 a), b)와 같이 하모나이즈 하는 경우가 흔하지만, c)와 같이 유니즌으로 멜로디를 리드미컬하게 표현하는 것도 흥미로운 편곡 기법입니다. 하모나이즈에 관한 주의 사항은 목관악기 편에서 살펴본 내용과 동일합니다.

A) 똑같은 음형으로 하모나이즈한 예

B) 다소 음형을 바꾸어 하모나이즈한 예

C) 유니즌에 백그라운드가 붙은 예

멜로디를 페이크해서 트럼펫 유니즌으로 편곡한 경우입니다.
2개의 트럼펫으로 선율을 강조하고 싶을 때 1옥타브 유니즌으로 하기도 합니다.

▶ 페이크(Fake) : 멜로디 라인을 유지 하면서 장식적인 변화를 주는 것

● 2개의 트롬본을 중심으로 한 컴비네이션

트롬본은 트럼펫의 하모니를 아래에서 서포트하는 경우가 대부분입니다. 그러나 트롬본을 중심으로 편곡하는 경우도 있습니다.

A) 유니즌으로 멜로디를 연주할 경우
트롬본은 자극이 적고 부드럽다는 특징이 있기 때문에 두 대 이상의 유니즌으로 멜로디를 연주하면, 부드러움에 다이내믹이 첨가되는 느낌을 얻을 수 있습니다.

① 재즈 발라드풍의 예
레가토 연주의 재즈 풍 편곡입니다.

② 가벼운 스윙의 예
어택과 레가토의 배합으로 부드러운 프레이즈를 만들고 있는 편곡입니다.

③ 16분음표를 많이 사용한 예

느린 템포에서 무리가 없이 연주 가능한 음역입니다.

B) 트롬본에 백그라운드를 붙이는 경우

① 트롬본이 색소폰을 리드하는 예

2개의 트롬본과 3개의 색소폰이 5성으로 같은 음형의 솔리를 연주하는 경우입니다.

② 목관과 트롬본에 의한 솔리의 예

목관 파트가 하나의 하모니를 구성하고, 2개의 트롬본으로 2성 하모니를 만들어 서로 다이내믹한 균형을 이루면서 솔리를 하는 경우입니다.

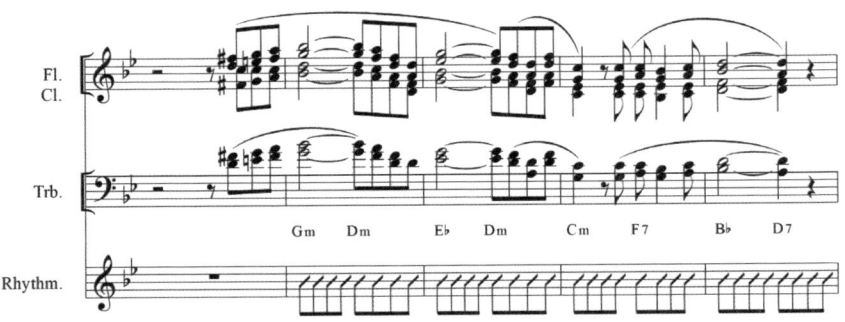

C) 같은 멜로디에 의한 하모나이즈의 예

다음 멜로디를 목관과 트롬본의 솔리로 편곡하는 경우에 클로즈로 하모나이즈해서 위로부터 차례로 파트를 나누면 ①과 같이 됩니다.

전체적으로는 문제가 없지만, 트롬본만 보면 좋지 않습니다. ②와 같이 9도 텐션을 써서 3도 간격으로 하거나 ③과 같이 제 2 트롬본이 멜로디를 연주하고, 3도 위로 제 1 트롬본을 쌓는 등, 좋은 사운드가 될 수 있도록 처리해야 할 것입니다.

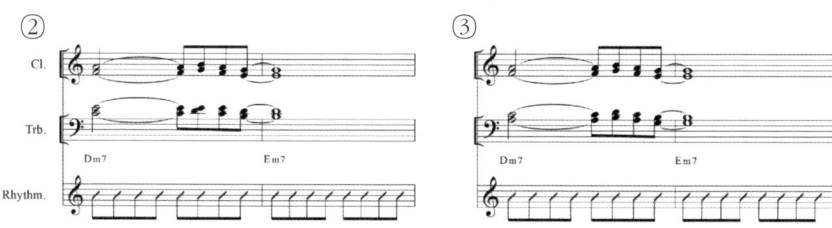

다른 목관 악기를 사용할 때는 ④, ⑤와 같은 처리도 좋습니다. ④는 플루트를 멜로디 라인에 옥타브로 사용하고 있고, ⑤는 제 2 플루트와 제 1 트롬본에 멜로디 라인을 사용하고 있는 편곡입니다.

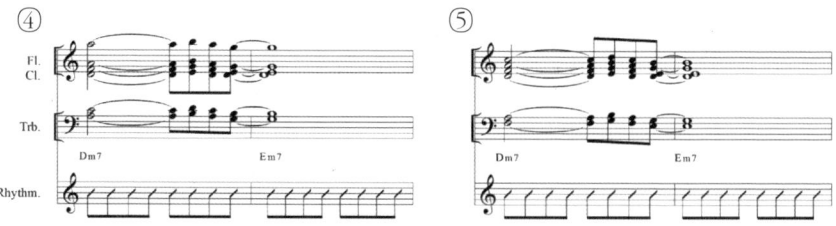

이 밖에도 여러 가지 방법이 있는데, 어떤 경우든 같은 악기끼리의 밸런스에 비중을 두고 편곡을 하면 좋은 결과를 얻을 수 있습니다.

● 3개의 트럼펫을 중심으로 한 컴비네이션

화성학 이론만 갖추고 있다면 가장 만만한 것이 3개의 솔리 편곡입니다. 밀집 및 개리의 다양한 형태로 보이싱이 가능하지만, 멜로디가 밑음일 경우에는 나머지 2성에서 반음이나 온음 또는 장 7도 음정을 주면 좀더 세련된 사운드를 만들 수 있습니다.
결국, 리하모니제이션이 가능한 이론적인 지식이 어느 정도 필요합니다. 특히, 관악기 편성이 커지면 보이싱 뿐만 아니라 리하모니제이션이 전체 사운드를 결정하는 중요한 요소로 작용합니다. 음악은 이론이 아니라는 천재들의 말에 안심하지 말고, 좋은 편곡자가 되겠다면 화성학 학습을 꾸준히 병행하기 바랍니다.

A) 하모나이즈 용법

2개의 트럼펫을 중심으로 한 컴비네이션 실습에서 사용했던 예제 멜로디를 3개의 트럼펫으로 보이싱한 결과입니다. 5마디에서 코드를 섬세하게 붙인 것은 연결을 부드럽게 하기 위한 코드 어프로치 입니다.

▶ 어프로치 (Approach) : 어떤 음을 강조하거나 두 음 사이를 부드럽게 연결하기 위한 목적으로 순차 진행되는 멜로디 라인을 어프로치 노트라고 하며, 어프로치 노트에서 만들어지는 보이싱을 어프로치 코드라고 합니다.

앞의 예제를 텐션으로 보이싱 하여 어택을 강조한 경우입니다.

앞의 예제에 3개의 트롬본을 추가하여 중후한 사운드를 만드는 경우입니다.

앞 예제의 멜로디를 조금 바꾸고, 트롬본을 오픈 보이싱으로 편곡한 경우입니다. 좀 더 중후한 사운드를 얻을 수 있지만, 3번 트롬본이 너무 저음역으로 되어 있기 때문에 템포를 조금 늦춰야 할 것입니다. 만일, 빠른 템포를 유지하고 싶다면 프레이즈를 유니즌으로 연주할 수 있게 하는 것이 좋습니다. 편곡을 할 때는 앙상블도 중요하지만, 연주 템포를 고려해야 한다는 것도 잊어서는 안 됩니다.

B) 타악기적 용법

다음 예의 1마디와 3마디의 두 번째 박자를 보면, 하모니를 2도로 밀착시켜서 어택 효과를 얻고 있습니다. 이러한 기법을 타악기적 용법이라고 하며, 팝 브라스 편곡에서 자주 사용되는 테크닉 입니다. 2마디의 2-4박은 리듬에 실린 속도감을 만들기 위해서 유니즌으로 편곡되었고, 4마디도 같은 이유지만, 음역이 약간 높아서 트럼펫 울림이 가늘어 질 수 있기 때문에 옥타브로 유니즌하고 있는 것입니다. 이때 높은 쪽의 멜로디를 한 개, 낮은 쪽을 두 개로 해도 좋습니다.

다음 예는 트롬본을 추가해본 것입니다. 타악기적 용법에서 트럼펫 3과 트롬본 1이 2도로 되어 있으며, 스피드한 부분에서는 유니즌을 그대로 유지하고 있습니다. 이처럼 트럼펫이나 트롬본 편곡을 할 때는 타악기적인 사운드를 만드는 일과 스피드한 프레이즈를 효과적으로 사용하는 일의 두 가지를 모두 고려해야 합니다.

● **4개의 트럼펫을 중심으로 한 컴비네이션**

트럼펫만 여러 개 사용되는 경우도 있지만, 대부분 트럼펫이 4개로 늘어나면 트롬본 4개, 색소폰 5개, 혼 2-4개 등으로 다른 악기 파트도 늘어납니다. 이때의 앙상블 예를 몇 가지 살펴보겠습니다.

A) 모든 섹션을 같은 음형으로 한 경우
2개의 혼을 추가한다면, 색소폰 1 파트를 2개의 혼으로 중복해도 좋습니다.

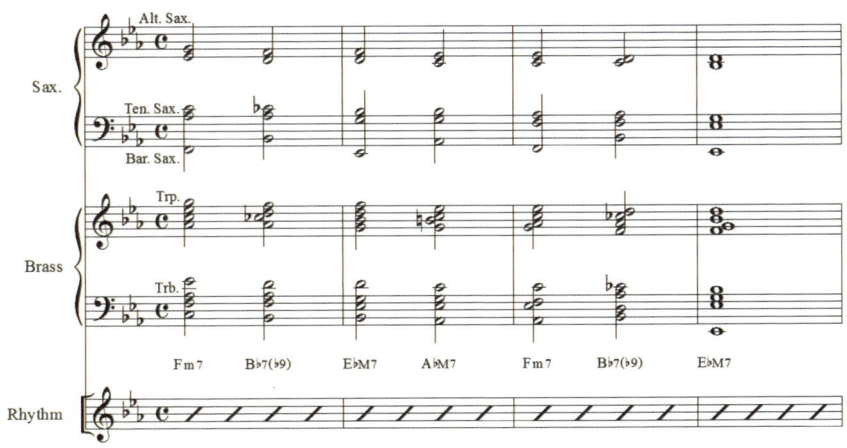

B) 브라스와 색소폰을 다른 음형으로 한 경우
리듬을 생각하면서 멜로디 음형을 만들어가야 합니다.

C) 3개의 섹션을 서로 다른 음형으로 한 경우

리듬을 바꾸고 멜로디 라인을 리듬에 어울리는 형태로 페이크해서 각 섹션을 서로 다른 음형으로 움직이도록 한 경우입니다.

D) 혼을 추가할 경우

다음 멜로디에 트럼펫 4개, 혼 2개, 트롬본 4개, 색소폰 5개의 편성으로 두 가지 예를 들어보겠습니다.

① 편곡자는 우선 곡상에 따라 어느 부분에 어느 악기를 조합시킬 것인가, 어떻게 하면 혼을 효과적으로 사용할 수 있는가 등을 생각한 다음에 편곡을 시작해야 할 것입니다. 반드시 주어진 편성을 동시에 전부 사용할 필요는 없습니다.

② 당연한 말이지만, 리듬이나 템포를 바꾸는 경우에는 거기에 따라 각 섹션의 움직임이나 멜로디, 코드 등도 어울리게 바꾸는 작업이 필요합니다.

혼(Horn)

혼은 금관 악기이지만, 목관 악기처럼 부드럽고 아름다운 음색을 가지고 있다는 특징이 있습니다. 금관과 목관 또는 목관과 현 악기 사이에서 두 섹션을 융합시킬 때 널리 사용되며, 목관의 하모니 속에 첨가되거나 다른 섹션이 투티할 때 유니즌으로 대선율을 연주하는 등 매우 다양하게 사용할 수 있는 악기 입니다.
혼은 F조 악기로 실음 보다 완전 5도 높게 기보 합니다.

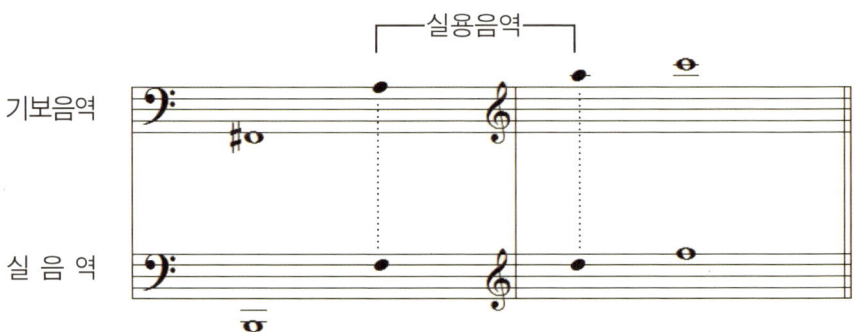

혼은 F 조 악기이므로, 실음보다 완전 5도 높게 기보하지만, in C 실음으로 기보하는 경우도 있고, 임시표로 기보할 경우도 있습니다. 물론, 본서는 미디 작업을 기준으로 하기 때문에 실음으로 표기합니다.

● 혼을 중심으로 한 컴비네이션

A) 멜로디를 연주할 경우

혼은 목가적인 톤을 가지고 있기 때문에 록이나 빠른 템포의 곡에서는 별로 효과가 없으며, 백그라운드는 혼이 표면에 드러날 수 있도록 밸런스를 생각해야 합니다.

B) 카운터 라인을 연주할 경우

카운터 라인을 색소폰과 유니즌으로 연주하고 있는 경우인데, 음색 혼합 수법으로 자주 사용됩니다. 단, 이 경우에는 색소폰에 Non vibrato 또는 with Horn 표기를 하여 비브라토를 걸지 않고 연주할 수 있도록 하는 것이 좋습니다.

C) 트롬본 섹션을 리드할 경우

트롬본 섹션을 유니즌으로 리드하고 있는 예 이지만, 2성부 이상의 하모나이즈 연주도 자주 사용됩니다.

D) 브라스에서의 혼

트럼펫, 혼, 트롬본의 각 섹션의 의해 브라스 섹션을 구성할 경우 여러 가지 방법이 있으며, 트럼펫 1의 음역, 곡상, 멜로디 움직임에 따라 변화가 생깁니다.

일반적으로 4개의 프럼펫, 4개의 트롬본과 같은 음형으로 혼 섹션이 움직일 경우에는 트럼펫과 트롬본의 양 섹션으로 균형 잡힌 하모니를 만들고, 두 섹션을 연결하는 역할로 사용되는 경우가 많습니다.

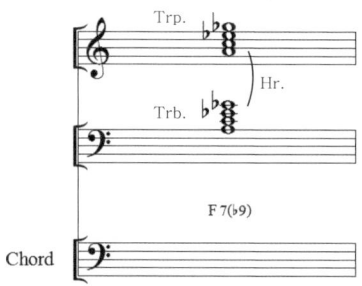

트럼펫 1의 음역이 5선 안의 중음역으로 내려가면 혼 섹션은 트럼펫의 멜로디 라인과 같이 움직이므로, 하모니의 일부가 아니라 브라스 섹션을 채색하는 역할로 사용되는 경우가 많습니다. 어떤 기법이든 트럼펫, 혼, 트롬본 각각의 음량 밸런스를 고려하는 것이 중요합니다.

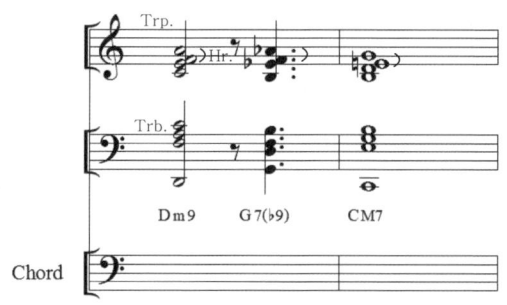

E) 목관에서의 혼

혼은 목관 악기와도 잘 융화가 됩니다. 다음은 목관의 4성 하모니 주에서 상부 2성을 옥타브 아래에서 서포트하고 있는 예 입니다.

4

현악기
Strings

현악기
Strings(스트링스)

스트링 섹션은 바이올린, 비올라, 첼로, 콘트라 베이스의 4가지 악기를 말합니다. 하지만, 클래식에서는 아주 중요한 역할을 하는 비올라와 콘트라 베이스를 팝에서는 잘 사용하지 않습니다. 당연히 예산 문제가 있겠지만, 그 보다는 리듬 섹션만으로도 충분한 중음역을 비올라를 써서 채울 이유가 없고, 콘트라 베이스 보다는 일렉 베이스에 익숙해져 있기 때문이다. 그러나 예산을 걱정할 필요가 없는 미디 작업자는 가능한 다양한 시도를 해보길 권장합니다. 참고로 콘트라 베이스는 더블 베이스라고도 부르며, Contra 및 Double은 '한 옥타브 낮은' 이라는 뜻을 가지고 있습니다.

스트링 섹션은 바이올린, 비올라, 첼로, 콘트라 베이스의 4파트이며,
팝에서의 기본적인 편성은 다음과 같습니다.

① 정통적인 편성(콘트라베이스를 생략하는 경우가 많다)
1st Violin 8명, 2nd Violin 6명, Viloa 4명, Cello 3-4명, (Contrabass 2명)

② 현재 가장 보편적인 편성
1st Violin 4-6명, 2nd Violin 4명, Viloa 2명, Cello 2명, (Contrabass 1명)

③ 바이올린만 편성하는 경우
Violin 4-10명 (Vn I · II 또는 I · II · III)

④ 콰르텟 편성
1st Violin 1-2명, 2nd Violin 1-2명, Viloa 1-2명, Cello 1-2명

스트링스 라이브러리
Session Strings Pro
Section 1 and 2 | Contemporary | Section

Session Strings Pro는 Pop/Rock 음악에 적합한 Sections 1 and 2와 클래식 음악에 적합한 Sections 3 and 4의 두 가지 스트링 섹션으로 구성되어 있으며, 섹션마다 바이올린, 비올라, 첼로, 콘트라 베이스, 그리고 앙상블을 제공합니다.

Komplete에는 좀 더 많은 인원 구성이 가능한 Symphony Series String Ensemble 라이브러리가 포함되어 있지만, 앞에서 살펴본 Symphony Series Woodwind 라이브러리와 사용법이 동일하기 때문에 여기서는 Session Strings Pro를 가지고 실습을 진행하겠습니다.

● Main

볼륨 및 엔벨로프를 설정할 수 있는 컨트롤러를 제공합니다.

● Volume

각 섹션의 볼륨을 조정합니다. 앙상블의 경우에는 섹션마다 4개의 바이올린, 3개의 비올라, 2개의 첼로, 2개의 콘트라 베이스로 구성됩니다.

● Contour

Bow Noise : 현을 켜는 활(보잉)의 마찰음 레벨을 조정합니다.
Stereo Width : 악기가 연주되는 공간의 넓이를 조정합니다. 노브를 왼쪽으로 돌리면 모노(Mono) 악기가 됩니다.

● Envelope

악기의 어택(Attack)과 릴리즈(Release) 타임을 조정합니다. Release Samples 스위치를 On으로 하면, 샘플에 기록된 릴리즈 타임을 그대로 사용합니다.

● Keyswitch

C1에서 A1까지 6개의 건반에 할당된 아티큘레이션을 설정합니다.

Keyswitch

● Round Robin

Session Strings Pro의 보잉 샘플은 4개가 제공되고 있어서 라이브 연주의 생동감을 부여합니다. Round Robin 스위치는 4개의 샘플을 모두 사용할 것인지를 결정하는 것이며, 스위치를 Off 하면 첫번째 샘플만 사용됩니다.

● Articulation-Key

다른 악기도 마찬가지겠지만, 특히 현악기는 아티큘레이션이 매우 중요합니다. 실제 악기를 다룰 수 있는 사람과 그렇지 못한 사람이 똑 같은 미디 작업을 하더라도 결과물의 차이가 큰데, 가장 큰 원인은 아티큘레이션의 정확한 활용입니다. 미디 뮤지션이 실제 악기를 공부할 것까지는 없지만, 최소한 Session Strings Pro에서 제공하는 아티큘레이션이 어떤 소리를 만들어내는지는 정도는 모니터를 해봐야 할 것입니다.
Session Strings Pro는 총 29가지의 아티큘레이션을 제공하고 있으며, 역할은 다음과 같습니다.

Legato : 슬러로 표시된 악보를 연주할 때 쓰는 주법으로 음과 음 사이를 부드럽게 연결합니다. 실제로는 1회 보잉으로 연주하지만, 미디에서는 노트를 겹쳐 놓습니다.

Portamento : 손가락을 누른 상태로 미끄러지듯이 이동하여 두 음 사이의 모든 음들이 연주되게 합니다. 단, 노트가 겹쳐 있어야 효과가 있습니다.

Glissando : Portamento와 매우 흡사한 주법입니다. 글리산도는 두 음 사이에 존재하는 모든 음을 계속 연주하는 주법이고, 포르타멘토는 한 쪽에서 다른 쪽으로 미끄러지듯이 이동하는 주법입니다. 표기는 문자를 쓰기도 하고, 안 쓰기도 합니다.

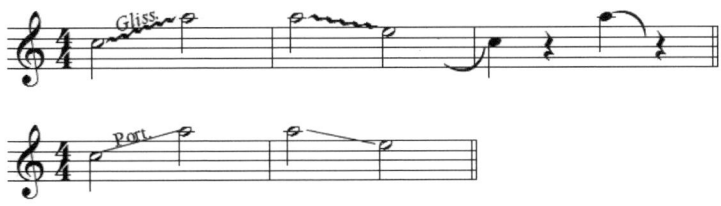

Sustain : 사운드를 지속시켜 두께 감을 만드는 효과가 있습니다.

Accent : 연주 노트의 시작 부분에 악센트를 줍니다.

Fortepiano : 큰 소리로 시작하여 여리게 연주되는 포르테피아노(fp) 주법입니다.

Diminuendo : 점점 여리게 연주되는 디미누엔도 주법입니다. 데크레셴도(decrescendo) 라는 용어가 더 많이 쓰입니다.

Tremolo : 트레몰로는 핑거 트레몰로와 보우 트레몰로의 두 가지 있습니다. 핑거 트레몰로는 높은 음을 손가락으로 눌렀다가 떼는 동작을 반복하여 연주하는 것이며, 보우 트레몰로는 활 끝 부분을 줄에 댄 채 자잘한 보잉을 연속적으로 하는 연주입니다. Session Strings Pro에서 제공하는 것은 보우 트레몰로 입니다.

〈핑거 트레몰로/Fingered Tremolo 기보법〉

〈보우 트레몰로/ Bowed Tremolo 기보법〉

Trill : 기보 음과 반 음 위의 음을 교대로 연주하는 Trill Semi와 온 음 위의 음을 교대로 연주하는 Trill Whole을 제공합니다. 두 가지 모두 손가락을 빠르게 움직여 연주합니다.

〈트릴의 기보〉

온음(장 2도)인 경우

반음(단 2도)인 경우

〈트릴이 가능한 음역〉

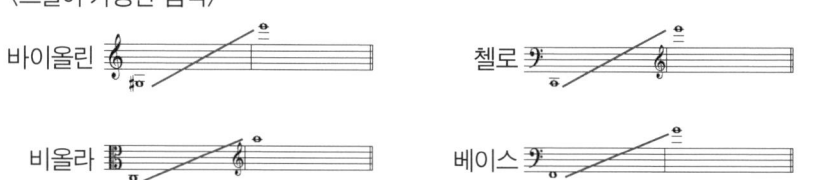

Gliss : 연주음 아래서 글리산도를 시작하는 Up과 위에서 시작하는 Down이 있으며, 각각 빠르게(Fast)와 느리게(Slow) 속도를 선택할 수 있습니다.

Cresc : 점점 세게 연주하는 크레센도는 Fast와 Slow의 두 가지 속도를 제공합니다.

FoPiCre Fast : 급격하게 커졌다 작아지고, 크레센도로 연주되는 주법이며, Slow와 Fast의 두 가지 속도를 제공합니다.

Fall : 연주 손가락을 넥쪽으로 이동시켜 음을 떨어뜨리는 주법으로 Slow와 Fast의 두 가지 속도를 제공합니다.

Scoop : 연주할 음 아래에서부터 손가락을 이동시켜 끌어올리는 주법입니다. Fast와 Slow의 두 가지 속도를 제공합니다.

Pizzicato : 오른손가락으로 줄을 퉁겨서 연주하는 주법입니다. 악보에는 pizz로 표기하며, 다시 활로 연주할 것을 지시할 때 arco로 표기합니다. Pizz와 arco를 교체할 때는 당연히 쉼표와 같은 시간이 필요합니다.

〈피치카토가 효과적인 음역〉

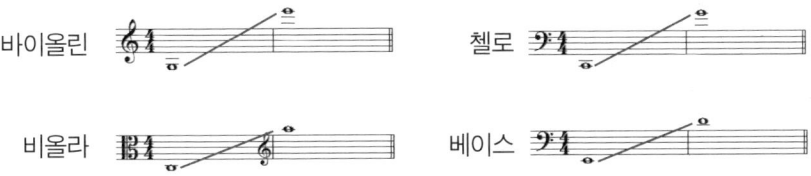

Spiccato : 활의 중앙부를 짧게 켰다가 도약시켜 음을 짧게 연주하는 주법인데, 스타카토와는 전혀 다른 분위기를 만듭니다. 활 방향에 상관없이 연주는 Spiccato 외에 활을 위로 올리는 Spic Up과 내리는 Spic Down도 제공되고 있습니다.

Staccato : 음을 짧게 연주하는 스타카토 주법입니다. 활 방향을 선택할 수 있는 Stac Down과 Stac Up을 제공합니다.

● Dynamic Ctrl

연주의 강약 범위를 컨트롤할 정보를 선택합니다. 건반을 누르는 세기로 컨트롤하는 Velocity와 모듈레이션 휠로 컨트롤하는 Mod Whell을 제공합니다. Velocity를 선택한 경우에는 최소값(Min)과 최대값(Max) 및 속도(Curve)를 제어할 수 있는 노브가 활성화 됩니다.

● Animator

Session Strings Pro는 미디 작업에 적합한 Production 외에 라이브 연주에 적합한 Animator와 Performance의 3가지 타입을 제공하며, Animator와 Performance에는 리듬 및 아르페지오 연주 패턴을 만들 수 있는 Animator 탭이 있습니다.

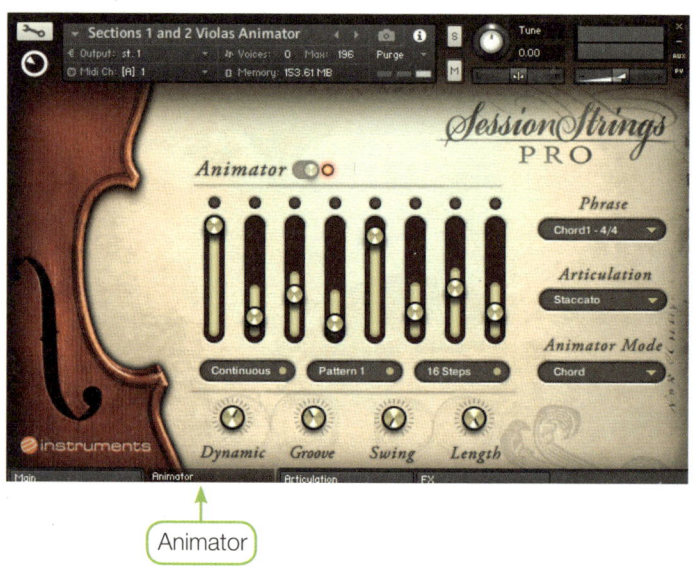

Animator

● Steps

Animator 글자 오른쪽의 스위치 On/Off로 사용 여부를 결정합니다.
건반에서 코드를 눌러보면 Animator가 어떤 역할을 하는지 바로 알 수 있습니다.
화면에는 8개의 스텝 슬라이더가 보이지만, Pattern 1과 2로 총 16개의 스텝을 제공하고 있으며, 연주되는 스텝은 LED로 표시됩니다.
슬라이더는 각 스텝의 볼륨을 조정하며, 슬라이더 아래쪽에는 재생 방법을 선택할 수 있는 Continuous/Retrigger, 패턴을 선택할 수 있는 Pattern 1/Pattern 2, 스텝의 길이를 선택할 수 있는 16 Steps/8 Steps 선택 스위치가 있습니다.
Continuous/Retrigger는 코드의 구성음이 바뀔 때 처음부터 재생할 것인지, 연주되던 스텝 위치에서 계속 재생할 것인지를 선택하는 것입니다.

● Control Knob

4가지 컨트롤 노브가 있으며, 역할은 다음과 같습니다.

Dynamic : 볼륨의 범위를 조정합니다. 이 값을 0으로 하면 슬라이더 값에 상관없이 모든 스텝이 가장 크게 연주됩니다.

Groove : 4비트, 8비트, 16비트, 트리플 비트 등을 설정할 수 있습니다.

Length : 스텝의 길이를 5에서 8 단계의 범위로 설정합니다. 4/4, 3/4, 2/2, 12/8 등의 다양한 박자를 구성할 수 있는 것입니다.

● Phrase

미리 설정되어 있는 프리셋을 선택할 수 있습니다. Chord 및 Arp를 선택하고, 자신의 음악에 어울리게 Steps 및 Articulation을 수정합니다. 그리고 User를 선택하면 사용자 설정이 저장됩니다. User는 총 10개까지 저장 가능하며, C0에서 A0 키를 눌러 선택할 수 있습니다.

● Articulation

프레이즈 연주법을 선택합니다. Pizzicato, Spiccato, Staccato 주법을 제공하고 있습니다.

● Animator Mode

코드(리듬) 및 아르페지오 연주 패턴을 선택합니다. 아르페지오의 경우에는 위/아래 방향을 선택할 수 있는 메뉴가 포함되어 있습니다.

● Articulation

Animator와 Performance는 서스테인 페달, 익스프레션 페달 등의 미디 컨트롤러로 아티큘레이션을 제어할 수 있는 Articulation 탭을 제공합니다.

Articulation

● Main

기본적으로 적용되는 아티큘레이션을 선택합니다. Animator 메뉴를 선택하면 Pizzicato, Spiccato, Spic Down/Up, Staccato, Stac Down/Up 등, 패턴을 연주할 때 적용되는 아티큘레이션 선택 노브가 아래쪽에 표시됩니다.

● Controllers

건반을 Value 노브에서 설정한 값 이상으로 연주했을 때 적용되게 하는 Velocity Control, 서스테인 페달을 밟았을 때 적용되게 하는 Sustain Control, 볼륨 페달을 밟았을 때 적용되게 하는 Expression Control, 피치 밴드로 Scoop 및 Fall이 적용되게 하는 Pitchbend Mode를 제공합니다.

● FX

EQ, 컴프레서, 리버브 효과를 적용할 수 있는 탭입니다.

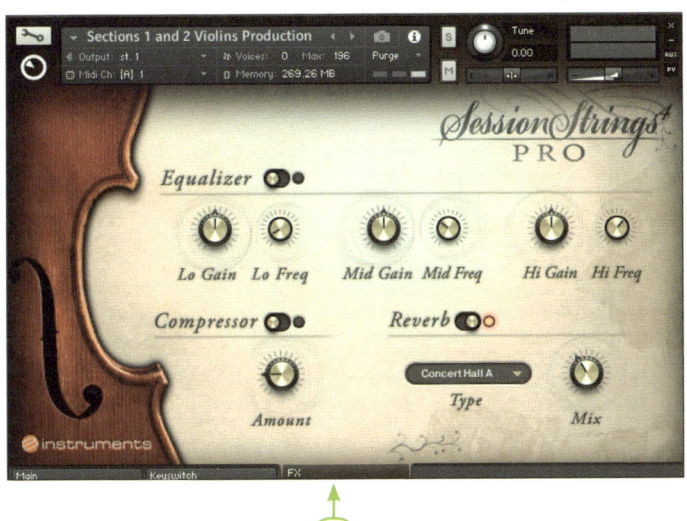

● Equalizer

Lo, Mid, Hi의 3밴드 타입 이퀄라이저 입니다. Lo는 45.2Hz에서 1.1KHz 까지, Mid는 270.3Hz에서 7.2KHz 까지, Hi는 3.0KHz에서 20.0KHz 까지의 범위로 Freq를 설정할 수 있고, 각각 -6dB에서 +6dB로 Gain을 증/감할 수 있습니다.

● Compressor

압축양을 조정할 수 있는 Amount 노브를 제공합니다. 악기에 최적화 되어 있기 때문에 세부적인 파라미터가 없어도 만족한 결과를 얻을 수 있습니다.

● Reverb

홀, 룸, 스튜디오 등의 타입을 제공하며, Mix로 양을 조정합니다. 기본적으로 On되어 있습니다. 믹싱 작업을 할 때 Off 하는 것도 좋습니다.

스트링스(Strings)

스트링 섹션은 바이올린, 비올라, 첼로, 콘트라베이스의 4파트이며, 실용 음역은 다음과 같습니다. 비올라는 팝 편곡자들에게 익숙하지 않은 가온음자리 보표를 사용하지만, 고음역의 경우에는 덧줄을 피하기 위해 높은음자리 보표를 사용할 수 있습니다. 콘트라 베이스의 콘트라(Contra)는 한 옥타브 낮다는 의미를 가지고 있으며, 기보음보다 한 옥타브 낮은 음으로 연주됩니다. 참고로 콘트라 베이스는 더블 베이스라고도 하며, 팝에서는 우드 베이스라고 부르는 경우도 있습니다.

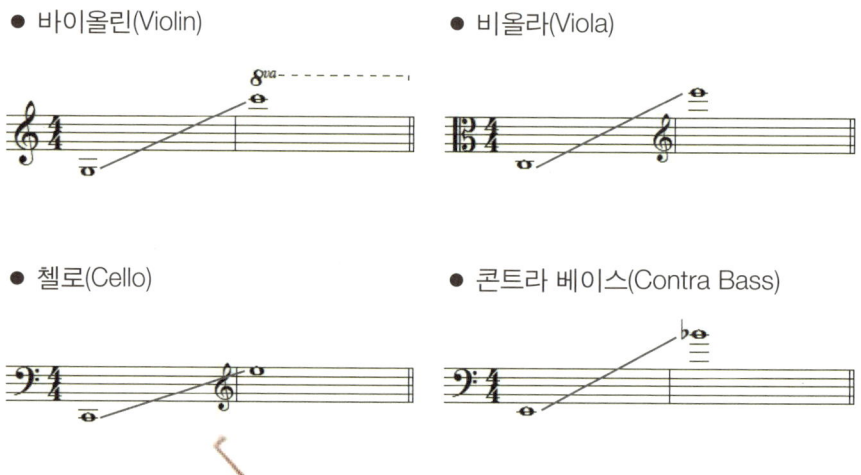

현악기 주자들은 대부분 클래식을 전공한 사람들 입니다. 이들은 악보를 통해 작곡가나 편곡가의 의도를 재현하는데 있어서 엄격하게 훈련을 받습니다. 스튜디오 녹음을 위해서 스트링 섹션을 악보로 제작해야 한다면, 다이내믹스(pp, p, mp, mf, f, ff, sfz)와 슬러, 스타카토 등의 주법을 단 하나도 빼먹지 말고 정확하게 기입해야 합니다. 그 외, 음표나 기호로 나타낼 수 없는 뉘앙스는 사전에 설명을 하거나 악보에 메모를 하는 것이 좋습니다.

● 선율적 용법

스트링스는 크게 멜로디 라인을 연주하는 선율적 용법과 백그라운드 하모니를 연주하는 화성적 용법의 두 가지로 사용됩니다. 먼저 선율적 용법으로는 테마가 되는 주선율을 연주할 경우와 카운터 라인이나 오브리카토 또는 부차적 대선율을 연주할 경우가 있습니다.

① 주선율을 연주할 경우
주선율을 연주할 때는 곡의 성격이나 분위기도 중요하지만, 듣기에 두드러지고 명료해야 한다는 것이 우선입니다. 따라서 이때 조합되는 다른 섹션에 대한 배려가 필요합니다. a)와 b)는 오스티나토풍으로 계속되는 리듬을 타고 스트링이 2옥타브에 걸친 선율을 투명한 울림으로 그려내고 있는 편곡입니다.

a) 플루트가 선율적 필러로 연주되고 있는 예

▶ 오스티나토풍 : 어떤 일정한 음형을 같은 성부에서 같은 음높이로 되풀이하는 수법

b) 브라스가 리듬 필러로 연주되고 있는 예

▶ Tacet : 휴식을 뜻하는 용어. 2xtacet(두 번째 휴식) 또는 1xonly(첫 번째 연주), 1xtacet(첫 번째 휴식) 또는 2xonly(두 번째 연주)

② 보컬에 대한 오블리가토

다음은 바이올린 I, II가 오블리가토를 연주하고 있는 예입니다. 노래의 선율이 발라드풍으로 수수할 경우에는 오블리가토를 보다 선율적인 것으로 할 수 있습니다. 그러나 주선율(보컬)과 대선율의 밸런스를 잡은 것은 상당히 어려우며, 자칫하면 오블리가토가 두드러져서 노래의 선율을 침해할 염려가 있습니다. 이 곡에서도 바이올린 섹션의 선율은 5마디에서 철수되고, 6마디부터는 디비지(div.)된 하모니로 바뀌어 약해지지만, 그 대신 코러스와 이것을 서포트하는 플루트가 필러로 연주하는 경우입니다.

▶ 디비지 : 하나의 악기군을 2개 이상의 그룹으로 나누어, 각각의 성부를 담당하게 하는것. div로 표시. 다시 하나의 성부로 연주할 때는 유니즌(unis)으로 표시한다.

③ 유니즌에 의한 카운터 라인

다음은 클리세에 의한 카운터 라인을 바이올린 I, II 및 비올라의 유니즌으로 연주하고 있는 예입니다. 다이내믹스는 포르테가 붙고, 플루트, 오보에, 글로켄스필이 서포트하고 있음에도 노래를 방해할 정도의 강한 인상은 주고 있지 않습니다. 만약, 바이올린 섹션을 1옥타브 위로 연주했다면, 훨씬 두드러지게 됩니다. 이것은 좋고 나쁜 것을 떠나서 고조시킬 필요가 있다고 가정하면, 리듬 섹션도 증대시켜야 하고, 브라스 등도 추가되어야 하므로, 옥타브 올리는 것이 밸런스 잡기 쉬울 수 있다는 것입니다.

● **스트링스와 목관의 유니즌**

스트링스와 목관악기의 유니즌 및 옥타브 유니즌은 음향 효과가 좋은 홀에서는 효과적일 수 있지만, 데드한 스튜디오에서 레코딩을 할 때는 융합이 어렵기 때문에 특별한 목적이 아니라면 사용하지 않는 것이 좋습니다. 대개의 경우는 스트링스만의 순수하고 투명한 음색과 다른 악기군의 대비적인 용법이 효과적입니다.

④ 보컬을 서포트할 경우

다음은 바이올린 I이 보컬의 옥타브 위에서 선율을 중복하고, 바이올린 II 이하는 하모니로 연주하는 예입니다. 이처럼 백그라운드로 쓸 경우에 보컬의 선율을 부분적으로 유니즌이나 옥타브로 중복하면, 그 효과를 더욱 증대시킬 수 있습니다.

● 화성적 용법

백 하모니를 말하는 것으로 전주나 간주 등에서 주선율을 다른 악기가 연주하고 있을 때나 보컬의 배경으로 하모니를 붙일 때 사용하는 용법입니다.

① 4성의 백 하모니

바이올린 I을 소프라노, 바이올린 II를 알토, 비올라를 테너, 첼로를 바리톤으로 하모니 하는 것이 기본입니다. 여기서 바이올린 I은 가장 두드러진 파트이기 때문에 백 하모니더라도 주선율과의 균형을 고려하여 선율적인 요소를 무시해서는 안 됩니다.

② 5성의 백 하모니

바이올린 1이 디비지(div)되고 있기 때문에 부분적으로 5성을 이룹니다. 2마디와 4마디의 바이올린 I은 선율적인 움직임을 보이고 있지만, 노래에 대한 필러로 간주됩니다. 6마디의 리듬 섹션의 움직임에 스트링스 전체가 패턴을 맞추고 있습니다.

③ 다성부에 의한 백 하모니

다음은 스트링스의 각 파트를 디비지시킨 경우로 약음기를 붙인 6-8성의 하모니가 첼레스타의 아르페지오와 융합해서 부드러운 분위기를 만들고 있습니다.

▶ con sord : 악기의 음을 여리게 하고, 음질을 부드럽게 바꾸기 위한 기구를 장착하고 연주하라는 뜻. 팝에서는 '뮤트기'라고도 합니다.

5

리듬 섹션
Rhythm Section

리듬악기
Rhythm Section

리듬 섹션은 피아노(키보드), 기타, 베이스, 드럼의 4가지가 대표적이며, 이를 포 리듬 악기라고 합니다. 음악 장르에 따라 봉고, 콩가와 같은 라틴 퍼커션이 추가되기도 하고, 마림바, 글로켄스필과 같은 클래식 퍼커션이 추가되기도 하지만, 포 리듬이 기본입니다.

리듬 섹션은 음악의 색깔이나 장르를 결정하는 중요한 파트이지만, 연주자의 곡 해석에 따라 전혀 다른 결과물이 될 수 있기 때문에 편곡자와 연주자와의 커뮤니케이션이 아주 중요합니다.

리듬 섹션은 기타, 베이스, 피아노, 드럼의 4가지가 기본이지만, 곡의 장르나 스타일에 따라 다음과 같은 악기를 추가할 수 있습니다.

① 기타
거트 기타, 포크 기타, 12현 기타, 일렉 기타, 스틸 기타

② 키보드
일렉 피아노, 오르간, 쳄발로, 클라비넷, 멜로트론, 신디사이저

③ 클래식 퍼커션
마림바, 실로폰, 비브라폰, 글로켄스필, 첼레스타, 쳄발로, 팀파니

④ 라틴 퍼커션
봉고, 콩가, 팀발레스, 카우벨, 템버린, 카바사, 마라카스, 기로, 클라베스, 키하다, 우드 블록, 트라이앵글, 벨

기타 라이브러리
SESSION GUITARIST
STRUMMED ACOUSTIC

KOMPLETE에는 어쿠스틱 사운드의 SESSION GUITARIST - STRUMMED ACOUSTIC와 일렉 사운드의 SCARBEE FUNK GUITARIST 두 가지 라이브러리를 제공합니다. 두 제품은 기타 스트러밍 주법을 간편하게 연주할 수 있도록 하고 있기 때문에 대부분의 음악 장르에 효과적으로 이용할 수 있습니다.

두 제품의 사용법은 비슷하므로, 여기서는 STRUMMED ACOUSTIC을 중심으로 살펴보겠습니다. 참고로 새로운 스트러밍 주법이 추가된 STRUMMED ACOUSTIC 2 라이브러리도 출시되어 있습니다.

● Pattern

Strummed Acoustic은 31가지의 리듬 별로 102가지 패턴을 제공하며, 샘플 스트레칭이 해제되어 있기 때문에 어떤 음악 장르와 템포에서도 고품질의 기타 스트러밍 연주 레코딩 결과를 얻을 수 있습니다.

● 리듬 선택

리듬 표시 항목을 클릭하면 Song Brouwer 창이 열리며, 리스트에서 원하는 리듬을 더블 클릭하여 선택할 수 있습니다.

● 패턴 선택

C1에서 G1까지의 빨간색 건반을 눌러 선택할 수 있으며, 슬롯에 마우스를 가져가면 보이는 방향키 또는 돋보기 모양의 아이콘을 클릭하여 변경할 수 있습니다.

● 연주 및 정지

E2-Eb5(파란색) 범위에서 코드를 누르면 선택한 패턴이 연주되며, G#1에서 C2까지 노란색으로 표시되어 있는 5개의 건반 중 하나를 누르면 정지됩니다. 3개의 C#2, D2, Eb2 녹색 건반은 픽업 사운드를 재생합니다.

● 보이싱 선택

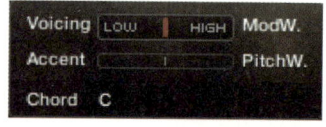

Strummed Acoustic은 로우 및 하이 포지션에서 연주되는 두 가지 샘플을 사용하고 있으며, Voicing 항목의 슬라이더를 조정하여 선택할 수 있습니다. 이 슬라이더는 모듈레이션 휠로 선택할 수 있기 때문에 즉각적인 포지션 이동이 가능하며, 50%로 설정하면 로우와 하이 샘플이 동시에 연주되는 더블링 효과를 만들 수 있습니다. Ctrl 키를 누른 상태에서 클릭하면 50%로 설정됩니다.

● 액센트 선택

Strummed Acoustic은 사용자 연주의 벨로시티 값이 적용되지 않습니다. 대신에 Accent 슬라이더를 이용해서 세게 또는 여리게 연주할 수 있습니다. 이 슬라이더는 피치 휠을 이용해서 즉각적인 반영이 가능합니다. 아래쪽의 Chord 항목에는 연주되는 코드 네임을 표시합니다.

● 프리셋 선택

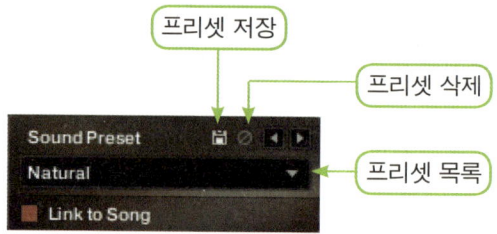

Sound Preset 목록에서 Strummed Acoustic의 사전 설정을 선택할 수 있고, 사용자가 설정한 값을 저장하겠다면, 목록 표시 항목을 더블 클릭하여 이름을 쓰고, 저장 버튼을 클릭하면 됩니다. 저장 버튼 오른쪽에는 선택한 프리셋을 삭제하는 버튼도 제공되고 있습니다.

Link to Song 버튼을 On으로 해놓으면, 리듬과 프리셋을 연결시켜 리듬을 변경할 때, 프리셋을 불러옵니다.

● 패턴 찾기

패턴 슬롯을 더블 클릭하거나 돋보기 모양의 아이콘을 클릭하면 열리는 패턴 브라우저 창에는 사용자가 원하는 패턴을 손쉽게 찾을 수 있는 검색 기능을 제공합니다.

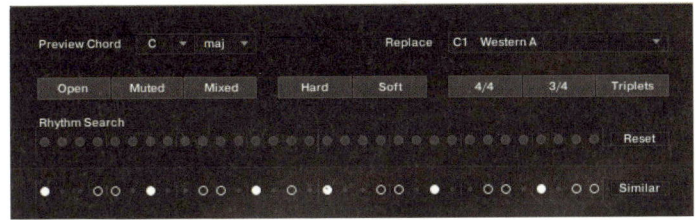

카테고리 버튼 : Open, Muted, Mixed 주법을 선택할 수 있는 그룹과 연주 강도를 선택할 수 있는 Hard, Soft 그룹, 비트를 선택할 수 있는 4/4, 3/4, Triplets의 3가지 그룹으로 구성되어 있으며, 각 버튼을 클릭하여 찾을 수 있습니다.

Rhythm Search 버튼 : 16비트로 되어 있는 2마디 길이이며, 원하는 리듬 형태를 선택하여 찾는 기능입니다. 이때 Similar 버튼을 클릭하면 가장 비슷한 패턴 순서로 정렬됩니다.

Preview Chord : 리스트에서 패턴을 선택했을 때 미리 듣기 코드를 선택합니다.

Replace : 리스트에서 패턴을 더블 클릭했을 때 변경될 키를 나타내는 것으로 사용자가 원하는 키를 선택할 수 있습니다.

● 인포 패널

돋보기 모양 오른쪽의 인포 버튼을 클릭하면 패턴 정보를 확인할 수 있는 패널이 열립니다. 인포 창은 Pattern과 Mapping의 두 가지 탭으로 구성되어 있습니다.

Start Shift : 패턴의 시작 위치를 변경할 수 있습니다. 패턴 디스플레이 창을 드래그하여 수정 가능합니다.

End Step : 패턴의 길이를 변경할 수 있습니다. 패턴 디스플레이 창 오른쪽의 세로선을 드래그하여 수정할 수 있습니다.

Volume : 볼륨을 조정합니다.

Tempo : 템포를 1/2 또는 x2로 변경할 수 있습니다. 1 : 1은 원래 템포입니다.

Mapping Tab : 패턴이 지정되어 있는 노트를 빨간색 점으로 표시합니다.

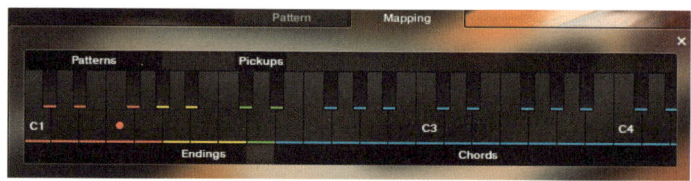

● Auto Chords
건반 하나(C3-B3)로 코드를 연주할 수 있는 오토 코드 기능 On/Of 버튼과 키(Key)를 선택할 수 있는 Auto Chord 버튼을 제공합니다.

Key는 메이저와 마이너, 그리고 3음을 제외한 파워 코드 타입을 제공합니다.
흰 건반은 다이아토닉 코드이며, 검은 건반은 sus2, sus4, 7, 9의 텐션입니다.
예를 들어 (도)와 (미b) 건반을 누르면 Csus4로 연주되는 것입니다.
왼쪽 상단의 자물쇠는 리듬을 불러올 때 오토 코드 설정이 바뀌지 않게 합니다.

● Sound

Strummed Acoustic 사운드를 곡에 어울리게 가공할 수 있는 페이지 입니다.

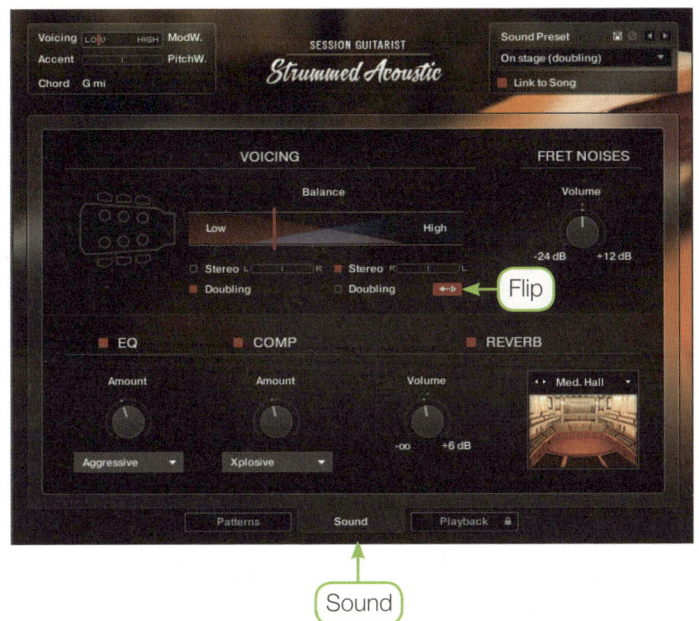

● VOICING
스테레오 및 포지션 밸런스를 조정합니다. Doubling은 로우 및 하이 포지션의 밸런스를 조정하는 것이고, Stereo는 좌/우 밸런스를 조정하는 것입니다. Flip 버튼을 On으로 하면 밸런스를 바꾼 소리가 믹스되어 좀 더 풍부한 사운드를 얻을 수 있습니다.

● FRET NOISES
프렛 잡음의 크기를 조정합니다.

● EQ / COMP / REVERB
이퀄라이저, 컴프레서, 리버브 효과를 적용하며, 각각 프리셋 메뉴를 제공합니다.

● Playback

패턴 재생 방식을 설정하는 페이지 입니다. 탭의 자물쇠를 On으로 하면, 리듬을 불러올 때 사용자 설정이 바뀌지 않습니다.

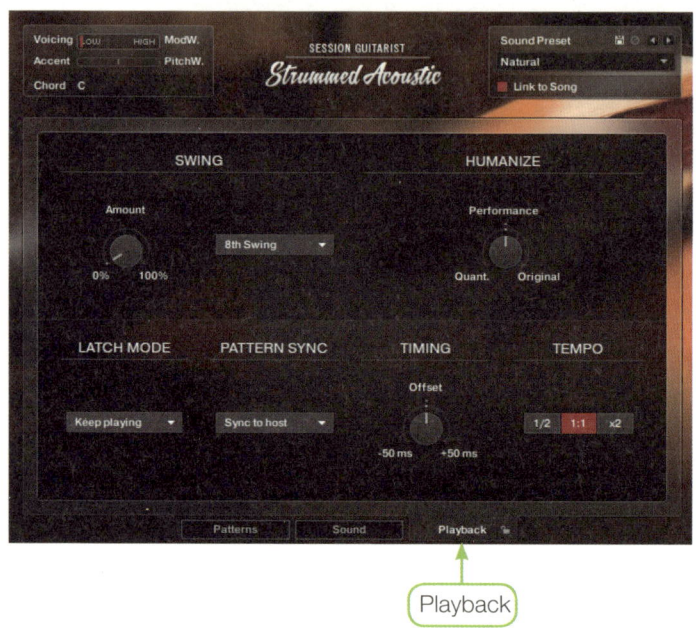

Playback

● SWING

8비트 또는 16비트 선택 메뉴를 제공하며, Amount 노브를 이용해서 스윙의 정도를 조정합니다. 0%는 원본 리듬입니다.

● HUMANIZE

사람이 연주를 하면 비트가 어긋날 수 밖에 없는데, 그러한 현상을 인위적으로 만듭니다. Quant 쪽으로 돌렸을 때 어긋남이 커집니다.

● LATCH MODE

정지 방법을 선택합니다. Keep playing은 건반에서 손을 떼어도 정지 노트(G#1-C2)를 누르기 전까지 계속 연주됩니다. Stop within은 건반에서 손을 떼면 1/1(한 마디), 1/2(두 박자), 1/4(한 박자), 1/8(반 박자) 더 연주되고 멈춥니다.

Stop instantly는 건반을 놓으면 바로 정지됩니다. 물론, Stop 모드에서도 서스테인 페달을 밟고 있는 동안에는 건반에서 손을 떼어도 연주는 지속됩니다.
정지 노트에 엔딩을 사용하고 싶지 않을 때 유용한 모드 입니다.

● PATTERN SYNC

큐베이스 및 로직과 같은 호스트 프로그램의 트랜스포트 재생 정보와 일치되는 Sync to host와 호스 프로그램의 정보를 무시하고, 노트의 시작 위치에 맞추는 Start on key 중에서 선택할 수 있습니다.

● TIMING

샘플의 시작 타임을 조정합니다. 왼쪽으로 돌려서 드럼이나 베이스 보다 조금 빠르게 연주하면, 박진감 있는 리듬을 만들 수 있고, 오른쪽으로 돌려서 조금 느리게 연주하면 여유로움을 만들 수 있습니다.

● TEMPO

인포 창의 옵션과 동일하게 템포를 설정합니다.

● Offset

Strummed Acoustic은 미디 컨트롤 정보 CC#111번을 이용해서 샘플의 재생 위치를 조정할 수 있습니다.

Offset 길이	CC#11 값	Offset 길이	CC#11 값
No offset	0	7/4	84
1/4	12	8/4(No offset)	96
2/4	24	- 1/4	84
3/4	36	- 2/4	72
4/4	48	- 3/4	60
5/4	60	8비트	6
6/4	72	트리플 비트	4

미디로 표현하는 기타

기타는 스트러밍 주법으로 리듬을 새기는 역할 외에도 솔로 악기로도 많이 활용되며, 다양한 테크닉이 있습니다. 이러한 테크닉을 미디로 표현하는 것은 만만한 작업이 아니기 때문에 미디를 공부하는 학생들의 대부분은 "차라리 기타를 배우는 것이 더 빠르겠다"는 말들을 합니다. 하지만, 이왕에 미디를 공부하는 것이라면 실제 연주 못지 않은 테크닉을 구사할 수 있을 정도로 연습을 하는 것이 좋습니다. 그래야 다른 악기도 리얼 사운드에 가까운 표현이 가능해지고, 어떤 테크닉이든 구사할 수 있는 실력자가 될 수 있습니다.

Komplete에서 제공하는 Session Guitarist-Strummed Acoustic(어쿠스틱)과 Scarbee Funk Guitarist(일렉트릭)는 스트러밍 주법만 구사할 수 있습니다. 그래서 싱글 노트 및 아르페지오 주법이 필요한 경우에는 Kontakt의 기본 라이브러리로 제공되는 Factory Library를 이용합니다. 물론, 큐베이스에서 기본적으로 제공하는 HALion Sonice SE이나 독자가 선호하는 플러그-인을 이용해도 좋습니다. 어떤 음색을 사용하든 미디로 표현하는 기타 테크닉은 동일합니다.

Factory Library는 Band, Choir, Orchestral, Synth, Urban Beats, Vintage, World 카테고리로 현대 음악에서 사용하는 대부분의 음색을 제공하고 있습니다. 그 중에서 기타 음색은 Band 카테고리에서 찾을 수 있습니다.

음색은 Akkord Guitar, Elektrik Guitar, Funk Guitar, Harmonic Guitar, Jazz Guitar, Nylon Guitar, Rhymthm Rock Guitar, Rock Guitar, Solo Guitar가 있습니다. 여기서 Akkord Guitar는 스트러밍 주법을 구현하는 것이고, Harmonic Guitar는 하모닉스 주법을 연출하는 것이므로, 해당 주법이 필요한 구간에서 사용하면 되고, 나머지는 어쿠스틱 및 일렉트릭 음색만 제공되는 것이므로, 작업 중인 음악에 어울리는 악기를 사용하면 됩니다.

● 아르페지오

기타와 피아노 아르페지오의 차이점은 음의 지속성 입니다. 기타는 코드를 바꾸기 전까지 왼손을 누르고 있기 때문에 한 번 연주된 음이 계속 지속된다는 특징이 있습니다. 이것을 리얼로 녹음할 때 서스테인 페달을 이용하면 비슷한 효과를 낼 수 있지만, 좀 더 기타다운 사운드를 만들고자 한다면, 음이 지속될 수 있게 길이를 조정해줘야 합니다. 하지만, 이를 위해 노트의 길이를 하나씩 수정해야 한다면, 한 곡의 기타 파트를 만드는데 1시간은 걸릴 것입니다.

큐베이스 기능을 이용해서 간단하게 처리할 수 있는 방법을 살펴보겠습니다.
〈로직 사용자는 필자의 Logic Pro X 서적을 참조합니다.〉

a) 악보와 같은 아르페지오 패턴을 리얼로 녹음하면 b)와 같은 결과가 됩니다. 아무리 좋은 기타 음색을 써도 기타다운 느낌이 나질 않습니다. 반드시 따라해보면서 확연한 차이점을 느껴보기 바랍니다.

a) 악보

b) 리얼 녹음 결과

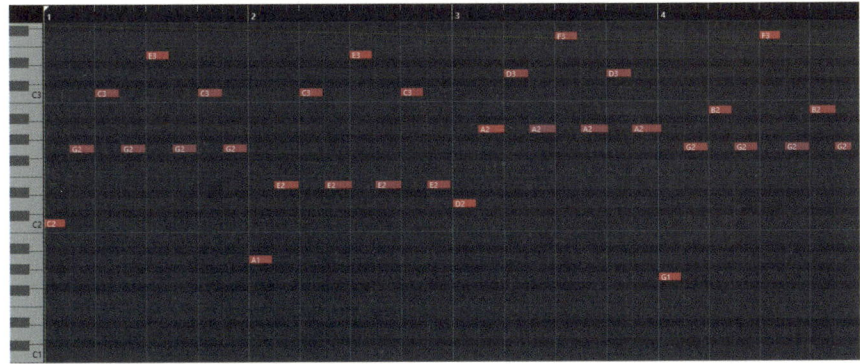

이제 리얼로 녹음한 아르페지오를 기타다운 느낌이 날 수 있게 편집하겠습니다. 퀀타이즈 단위를 1/1로 선택합니다. 코드가 한 마디에 두 개씩 있는 곡을 작업하고 있다면, 1/2를 선택하면 됩니다.

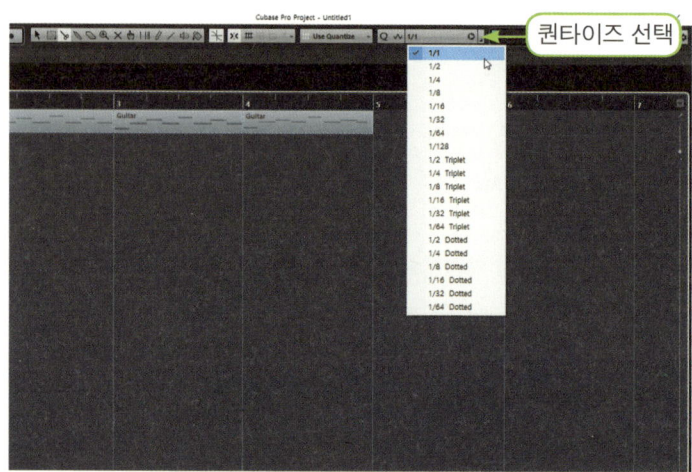

Edit 메뉴의 Advanced Quantize에서 Quantize MIDI Event Ends를 선택합니다. 기타다운 아르페지오 주법을 만드는 방법은 이걸로 끝입니다. 그 동안 노트를 일일이 수정해왔던 독자라면 굉장히 억울한 생각이 들 것입니다.

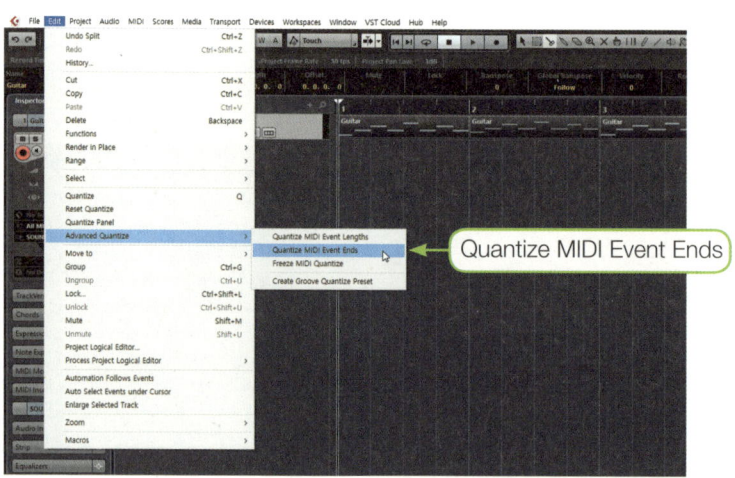

간혹, 음색에 따라 겹치는 노트가 지저분하게 들리는 경우가 있는데, 이때는 MIDI 메뉴의 Functions에서 Delete Overlaps (mono)를 선택하여 정리합니다.

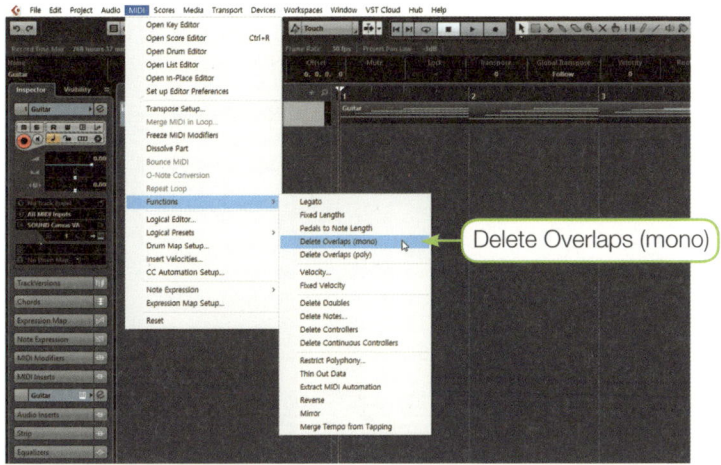

작업 결과를 보면, 한 번 연주된 노트는 코드가 바뀌거나 같은 노트가 연주될 때까지 연장되어 기타 특유의 느낌을 만들어내고 있다는 것을 확인할 수 있습니다.

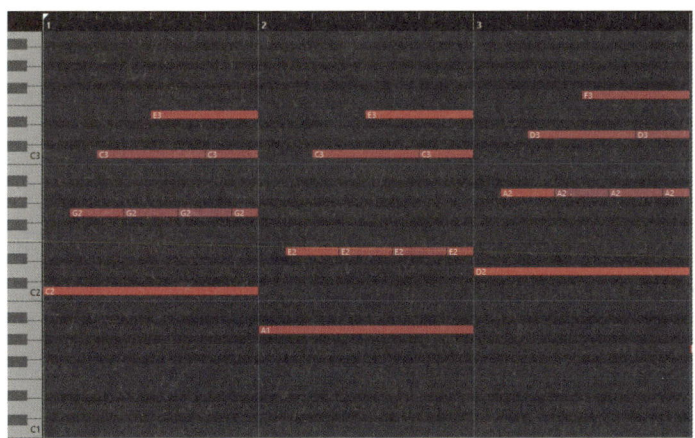

● 해머링과 풀링

기타의 해머링과 풀링 주법은 악보에서와 같이 h(해머링) 또는 p(풀링)으로 표기합니다. 해머링은 손가락으로 줄을 때리듯이 눌러 소리를 내는 것이고, 풀링은 반대로 줄을 뜯어내듯이 떼어 소리를 내는 주법입니다. 당연히 피킹을 해서 소리를 내는 것과는 확연한 차이를 보이며, Rock이나 Blues에서는 빼놓을 수 없는 주법입니다.
참고로 MusicLab사의 RealGuitar와 같은 기타 전용 VST의 경우에는 해머링과 풀링 주법을 제공하기도 하지만, Kontakt의 기본 라이브러리를 사용하는 경우에는 직접 편집을 해야 하는 수고가 필요합니다.

리얼로 데이터를 입력할 때는 해머링이나 풀링과 같은 테크닉 노트를 무시하고, 앞의 음을 해당 길이만큼 충분히 연주합니다. 위의 악보를 연주하면 다음과 같습니다.

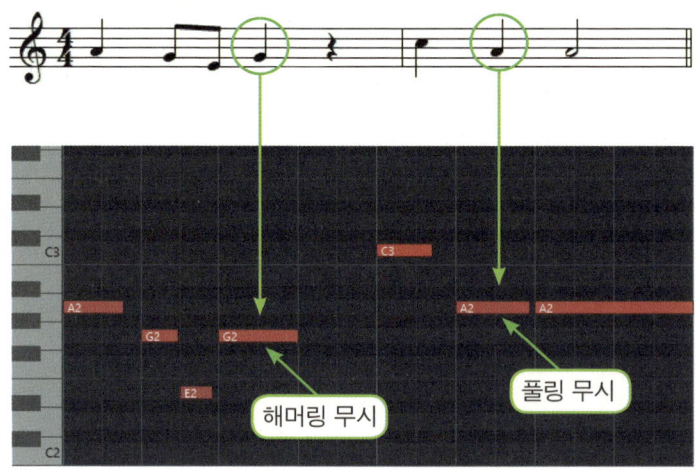

해머링은 음을 올리는 것이고, 풀링은 내리는 것입니다. 이처럼 음을 조정할 때 사용하는 미디 정보는 피치 벤드(Pitch Bend)입니다. 1마디 3번째 박자에 입력한 (솔)을 해머링 되는 위치(1. 3. 3. 0)에서 피치 벤드 값으로 한 음 올리고, 2마디 2번째 박자에 입력한 (라)는 풀링 되는 위치(2. 2. 3. 0)에서 피치 벤드 값으로 한 음 내려서 표현하는 것입니다. 이때 주의해야 할 것은 해머링이나 풀링을 위해서 피치 벤드 값을 조정한 후에는 다음 음이 시작하기전에 원래 위치(0)로 되돌려야 한다는 것입니다. 그렇지 않으면 음이 올라갔거나 내려간 상태로 연주됩니다.

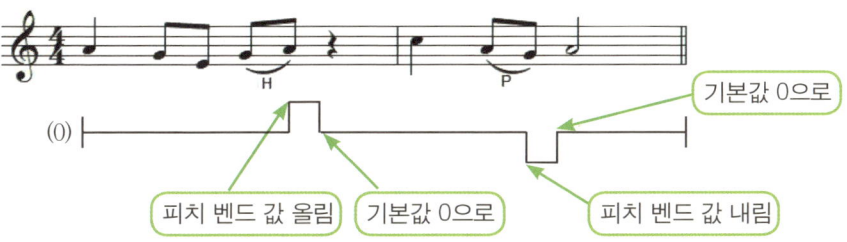

모든 악기는 피치 벤드 값을 최대(8191)로 올렸을 때 한 음이 올라갑니다. 반음을 올리려면 8191의 반 값인 4096을 입력하면 되는 것입니다. 하지만, 실제 연주에서는 한 음 이상을 올리는 경우도 있고, 옥타브 범위로 음이 변하는 슬라이드 주법도 피치 벤드 정보로 표현하기 때문에 처음부터 피치 벤드 변화 폭을 한 옥타브로 설정해두고, 이 값에 익숙해지는 것이 좋습니다.

피치 벤드의 변화 폭은 악기에서 설정을 해야 되는데, Band 라이브러리의 경우에는 Options 탭의 PB Range 노브로 조정을 합니다. Down이 음을 내리는 폭이고, UP이 올리는 폭이므로, Down은 -12, Up은 12로 설정하면 됩니다.

악기에서 피치 벤드 변화폭을 한 옥타브로 설정해 놓으면, 피치 벤드 값을 최대(8191)로 올렸을 때 한 옥타브가 올라갑니다. 결국, 8191을 12개로 나눠서 사용해야 되므로, 한음을 올리려면 1365를 입력해야 하고, 반음을 올리려면 683을 입력해야 하는 것입니다.

다음 표는 피치 벤드 폭을 한 옥타브로 설정했을 때의 음 변화 값입니다. 자주 사용하는 반음과 한음은 외워두고, 나머지는 작업을 할 때 참고합니다.

보다 정확한 값을 입력하고자 하는 중급자의 경우에는 미디 데이터를 수치로 편집할 수 있는 List Editor를 선호하는데, 이때 사용되는 값은 괄호입니다. 물론, 실제 연주에서 정확한 피치로 테크닉을 구사하는 연주자는 없기 때문에 거슬리지 않는다면, 정확한 값에 집착할 필요는 없습니다.

피치 벤드 폭을 한 옥타브로 설정했을 때		
0	0 (1892)	
	Up	Down
1	683 (8875)	-684 (7508)
2	1365 (9557)	-1366 (6826)
3	2048 (10240)	-2049 (6144)
4	2730 (10921)	-2731 (5462)
5	3413 (11605)	-3414 (4779)
6	4096 (11288)	-4097 (4097)
7	4778 (12970)	-4779 (3414)
8	5461 (13653)	-5462 (2731)
9	6143 (14335)	-6144 (2049)
10	6825 (15017)	-6826 (1366)
11	7507 (15699)	-7508 (684)
12	8191 (16383)	-8192 (0)

앞의 예제 악보를 리얼로 입력하고 작업 과정을 살펴보겠습니다.
키 에디터에 표시되는 건반 아래쪽의 컨트롤 정보 선택 버튼을 클릭하여 메뉴를 열고, Pitchbend를 선택합니다. 작업 창 경계선을 위쪽으로 드래그하여 컨트롤 패널을 넓히면 좀 더 수월한 작업이 가능합니다.

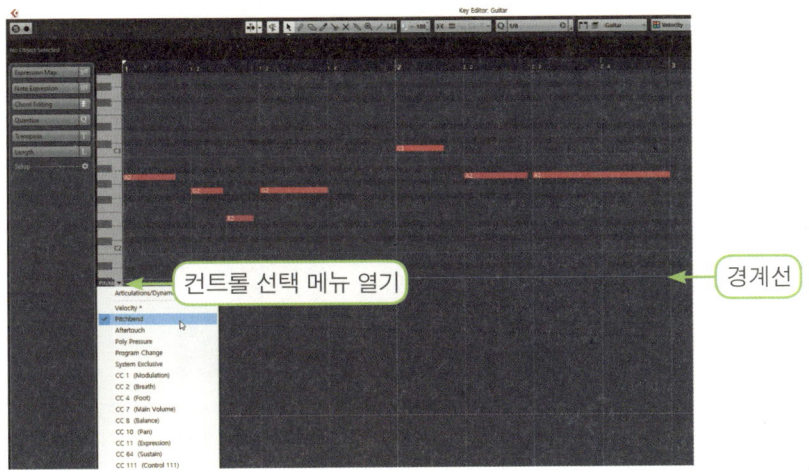

연필 버튼을 선택하고, 시작 위치에 0을 입력합니다. 그리고 해머링으로 연주되는 1. 3. 3. 1 위치에서 1365를 입력합니다. 마우스의 위치는 컨트롤 정보 선택 메뉴 아래쪽에 표시되므로, 원하는 값을 확인하고 클릭합니다.

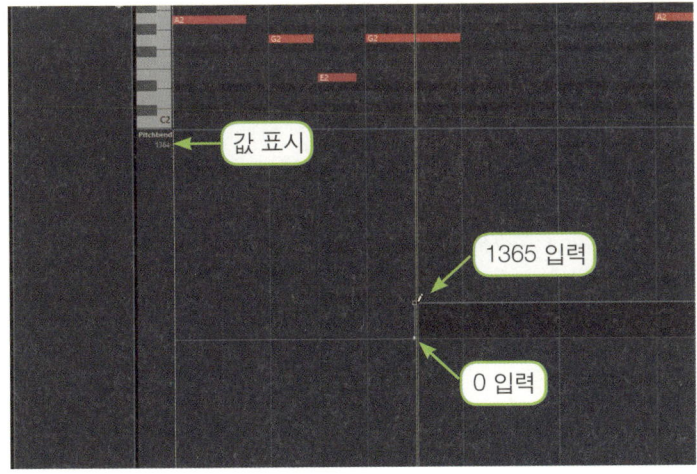

키 에디터 창에서의 입력이 불편하다면, 1300 부근에 포인트를 찍어놓고, 리스트 에디터에서 데이터 값을 더블 클릭하여 직접 9557를 입력합니다.

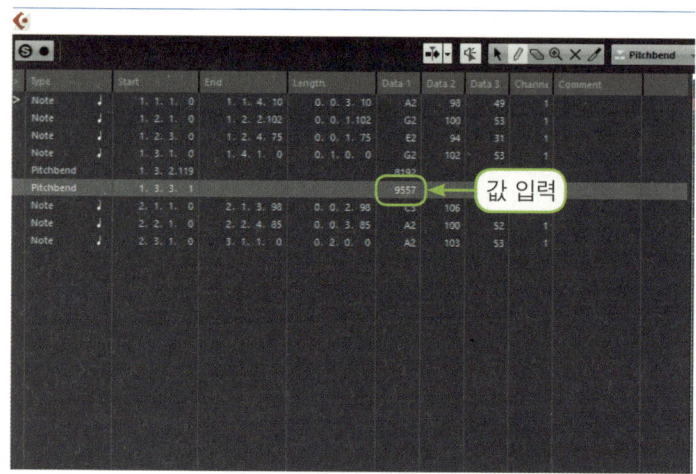

연주가 끝나는 위치에서 0의 값을 입력하여 원래 음으로 복구 시켜야 합니다. 리스트 에디터에서 입력하겠다면 1892 입니다.

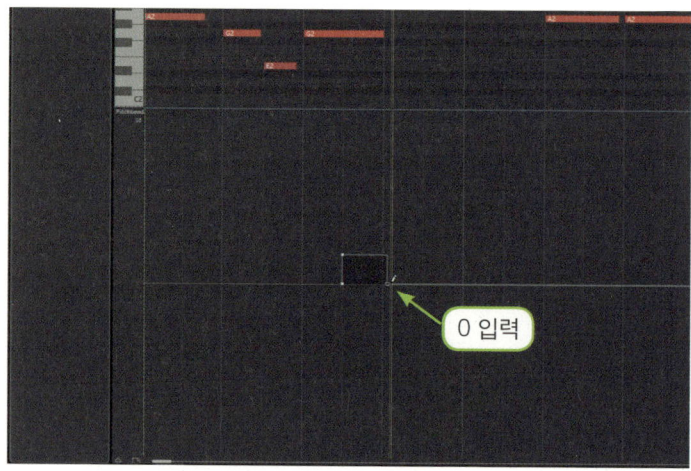

두 번째 마디의 풀링은 음이 내려가는 것입니다. -1366 값을 입력하여 해머링과 반대 방향으로 만들면 됩니다. 포인트를 적당히 찍고 리스트 에디터에서 입력을 하겠다면 값은 6826 입니다. 연주가 끝나면 다음 노트가 시작되기 전에 0으로 되돌립니다.

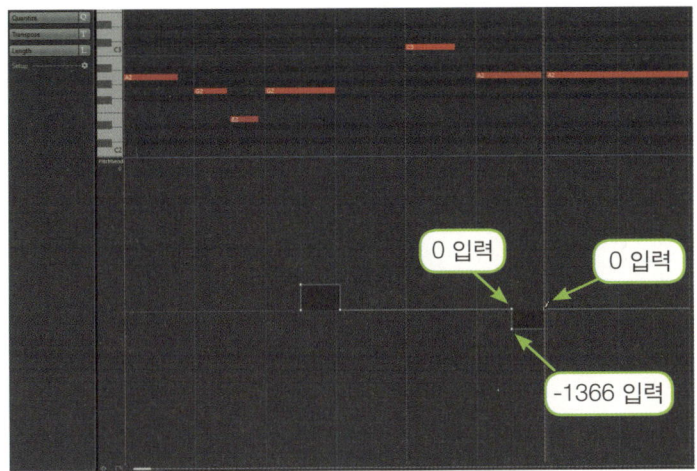

해머링과 풀링에 익숙해지면 비슷한 테크닉의 트릴 주법을 쉽게 만들 수 있습니다. 트릴은 해머링과 풀링을 빠르게 반복하는 주법입니다. 다만, 해머링으로 올렸던 음을 풀링으로 원상복귀하는 것이므로, 앞의 예와 같은 피치 벤드 값을 마이너스로 입력하는 것이 아니라 0으로 입력한다는 것에 주의합니다.

〈트릴 주법 표기〉

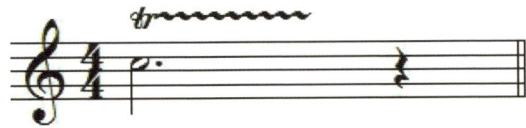

〈실제 연주〉

● 초킹

초킹은 연주한 줄을 위로 밀어올리거나 아래로 내려서 음을 조정하는 주법입니다. 이것 역시 피치 벤드 정보를 이용해서 표현합니다. 다만, 해머링과 풀링은 해당 테크닉이 연주되는 위치에서 음이 바로 변하지만, 초킹은 줄을 밀어 올리거나 내리기 때문에 변하는 과정의 음들이 모두 들린다는 차이가 있습니다.

초킹은 줄을 밀어 올림으로써 음이 올라가게 만드는 초킹 업과 초킹한 줄을 원래 상태로 되돌리면서 음을 낮추는 초킹 다운으로 구분합니다.

악보로 초킹 업은 C로 표시하고, 초킹 다운은 D로 표시합니다.

초킹을 구사할 때 가장 중요한 것은 속도와 피치입니다. 당연한 얘기겠지만, 연주자마다 줄을 밀어 올리는 속도와 음이 다를 것이고, 한 사람이 연주를 한다고 해도 곡의 분위기에 따라 달라지는 것이 초킹입니다. 이것은 악보로 정확하게 표현되는 것이 아니기 때문에 음악을 많이 듣고, 많이 만들어보면서 몸으로 익히는 수밖에 없습니다. 일반적으로 사선으로 올리는 a)를 기준으로 좀 더 빠르게 올릴 때는 b)와 같이 위로 휘는 곡선이 되고, 조금 느리게 올릴 때는 c)와 같이 아래로 휘는 곡선이 됩니다. 한 곡에서 10번의 초킹 주법이 연주된다면 10번 모두 속도와 음을 미묘하게 다르게 만드는 것이 휴머니즘을 연출하는 방법입니다.

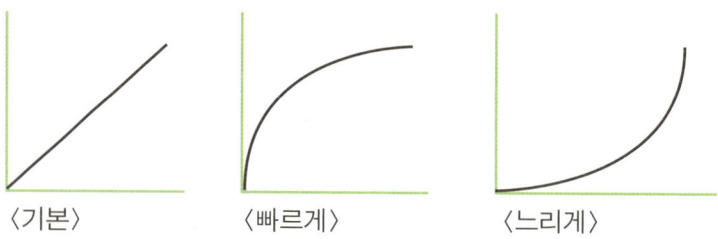

초킹도 리얼로 입력할 때는 주법을 무시하고, 앞에 음을 해당 노트의 길이만큼 연주합니다.

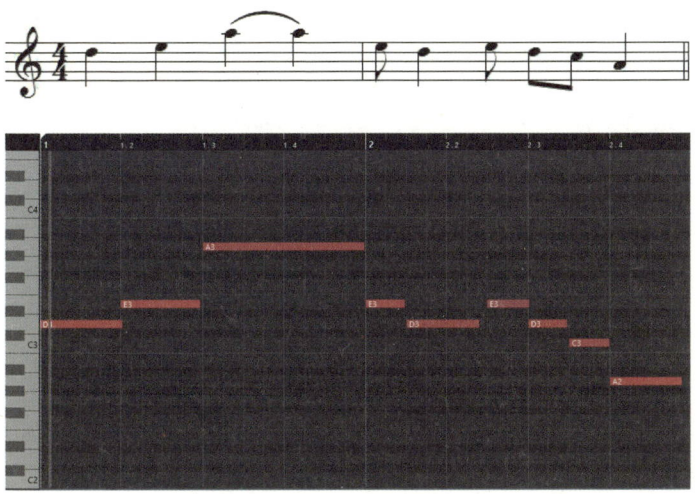

초킹은 라인 툴을 이용하는 것이 편리합니다. 도구 모음 줄의 라인 툴에서 Parabola를 선택합니다.

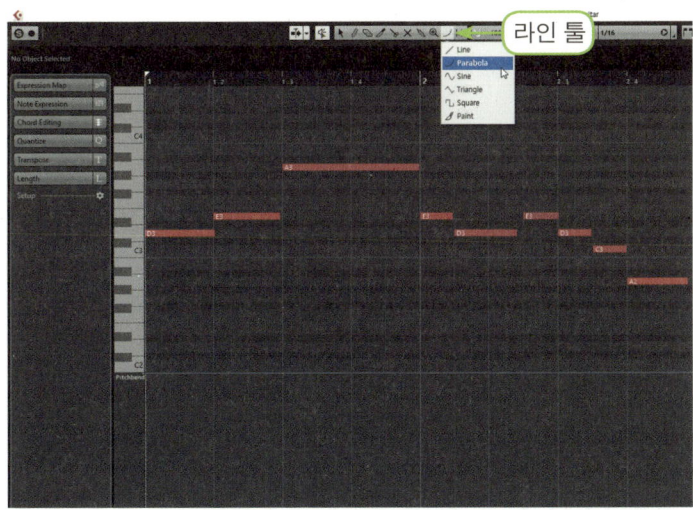

예제 악보의 시작은 반 박자 동안 반음을 올리는 느린 초킹입니다. 시작 위치 0을 클릭하여 1. 1. 3. 0 위치의 683 값까지 드래그 합니다. 해머링과 풀링 작업을 할 때와 같이 정확하게 683으로 입력하지 않아도 좋습니다.

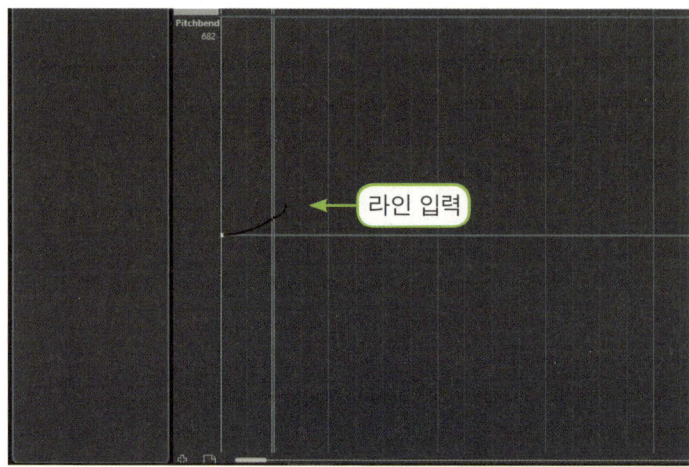

연필 툴을 선택하고, 다음 노트가 시작하는 1. 2. 1. 0 이전에 0을 입력합니다. 이 값은 정확해야 합니다. 피치를 되돌리는 0의 값에서 앞의 음이 떨어지는 소리가 들리면 좋지 않습니다. 그런 경우가 발생한다면 앞 노트의 길이를 살짝 줄여 해결합니다.

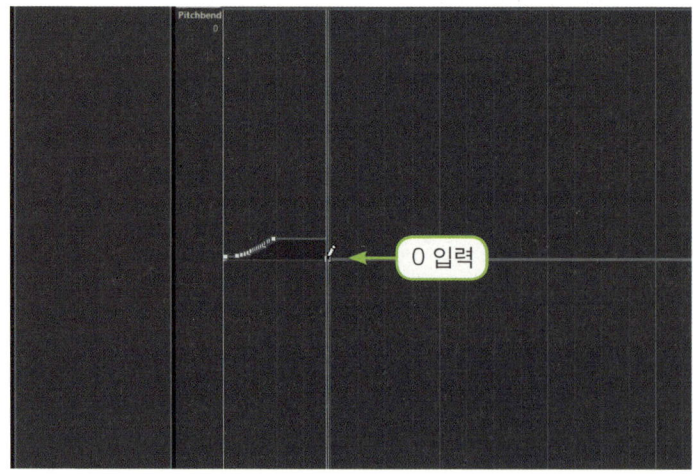

포물선 툴을 선택하고, 온음(1365) 초킹을 만듭니다. 이때 마우스 버튼을 놓기 전에 Ctrl 키를 누르면 라인이 위쪽으로 그려져 빠른 속도의 초킹을 구사할 수 있습니다.

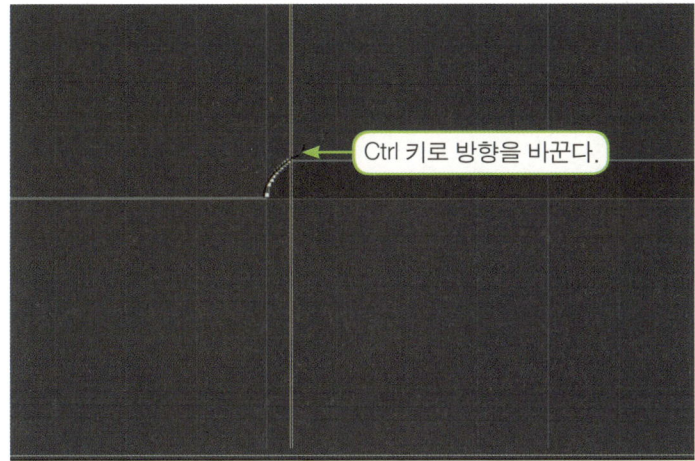

이번에는 초킹 다운입니다. 음을 내리는 것이 아니라 초킹 했던 음을 원래대로 되돌리는 것이므로, 1365로 올렸던 곳에서 0으로 떨어지는 라인을 만듭니다. 앞의 초킹 음을 얼마 동안 유지했다가 내릴 것인지는 스타일에 따라 달라지므로, 다양하게 시도를 해보기 바랍니다. 2마디의 초킹은 직업 만들어봅니다.

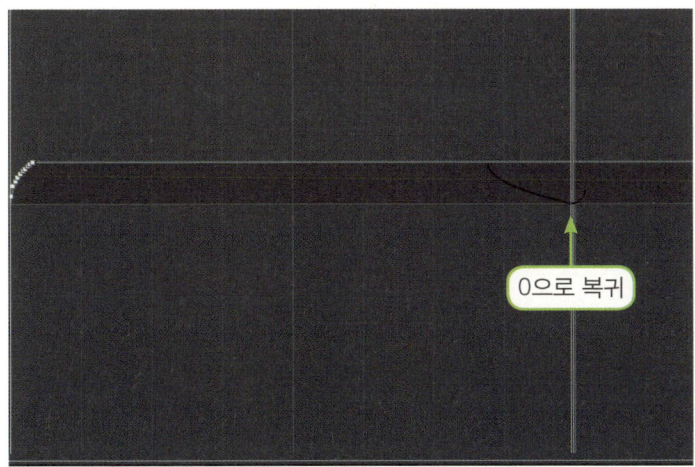

리듬 섹션에서의 기타

다른 악기도 마찬가지이지만, 기타는 수 많은 이펙트가 사용되고, 보이싱에 대한 변수도 많기 때문에 악기에 대한 지식이 없으면 편곡을 하는데 있어서 많은 어려움이 따를 수 밖에 없습니다. 그러나 미디 작업자는 이를 너무 의식을 하기 보다는 평소에 기타 음악을 많이 듣고, 마음에 드는 사운드를 구현하는데 시간을 투자하는 것이 효과적일 것입니다.

● 어쿠스틱 기타로 리듬을 새기는 예

어쿠스틱 기타를 중심으로 아르페지오 주법이나 코드 스트러밍으로 리듬을 새기는 것이 가장 흔한 편곡 수법입니다.

● 2개의 기타로 리듬을 새기는 예

리듬을 강조하고 싶을 때 2대의 기타를 사용할 수 있습니다. 이때의 조합은 포크와 거트, 포크와 일렉 등 다양하지만, 어떤 경우이든 완전히 같은 리듬을 연주하도록 하는 것은 의미 없습니다. 보통 스트러밍과 아르페지오로 연주하며, 같은 아르페지오를 연주 할 때는 패턴을 다르게 합니다.

리듬 섹션 | 245

● 일렉 기타로 리듬을 새기는 예

두 대의 일렉 기타를 사용한 편곡으로 1기타는 오스티나토풍의 리드믹 프레이즈를 연주하고, 2기타는 와우 와우(Wah Wah) 효과를 사용한 16비트 리듬을 연주하고 있는 예 입니다. 이렇게 두 대의 기타를 사용할 때는 하나가 리듬을 연주하고, 다른 하나가 필인 또는 애드립을 연주하는 것도 일반적입니다.

● Guitar Rig

Wah Wah는 주파수를 변조시켜 독특한 사운드를 만드는 이펙터입니다. 사람이 "와우 와우" 하는 것 같다고 해서 붙여진 이름인데, 이밖에도 일렉 기타는 다양한 이펙트를 사용합니다. Komplete에는 실제 하드웨어 기타 이펙트를 구현할 수 있는 Guitar Rig을 제공하고 있으므로, 추가비용 없이 효과적인 일렉 기타 사운드를 구현할 수 있습니다. 이에 관한 학습은 필자의 Guitar Rig 3 서적을 참조합니다.

▲ Guitar Rig VST

▲ Guitar Rig 학습서

피아노 라이브러리
Acoustic pianos
Organs and electric pianos

KOMPLETE는 어쿠스틱 피아노 6가지(Una Corda, The Grandeur, The Maverick, The Gentleman, The Giant, Alicia's Keys)와 올겐 및 일렉 피아노 5가지(George Duke Soul Treasures, Vintage Organs, Scarbee A200, Scarbee Mark I, Scarbee Clavinet/Pianet)의 라이브러리를 제공합니다.

모두 전설로 불리는 건반 악기의 실제 모델을 샘플링 하여 제작된 제품으로 기본 설정 그대로 곡에 어울리는 음색을 사용하는 것 만으로도 충분한 값어치를 하고 있는 라이브러리 입니다.

● Alicia's Keys

2000년대 가장 성공한 여성 R&B 싱어송라이터로 알려진 Alicia Keys의 커스텀 피아노(Yamaha C3)연주를 그대로 샘플링 했다고 해서 큰 이슈가 되었던 제품입니다.

● Preset

홀, 강당, 스튜디오 3가지 타입의 공간 크기를 시뮬레이션하는 14가지 프리셋을 제공합니다. 사용자 설정은 User-Preset을 선택하여 저장할 수 있습니다.

● Room

Settings을 선택하면 6가지 탭으로 구성된 컨트롤 창이 열립니다.
Room 탭은 공간의 유형을 시뮬레이션하는 3가지 On/Off 버튼이 있습니다.

Digital Ambience : 공간의 크기를 조정하는 Size와 설정한 크기에서의 좌/우 확장감을 조정하는 Amount 슬라이더 입니다.

Convolution Reverb : Hall, Auditorium, Studio의 3가지 타입의 공간을 제공하며, Size로 선택한 공간의 크기, Amount로 잔향음의 크기를 조정합니다.

Stereo Image : Spread는 좌/우 넓이를 조정하며, Position은 위치를 조정합니다. 청취자 입장에서 조정되는 것입니다.

● Keys
건반의 터치감을 조정하는 컨트롤러로 구성되어 있습니다.

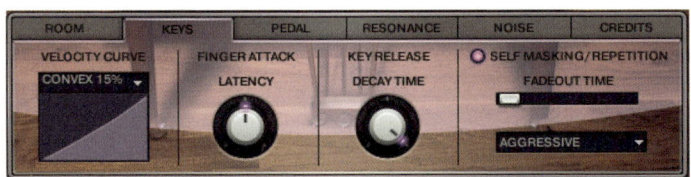

Velocity Curve : 건반을 연주하는 세기의 반응 폭을 조정합니다.
Finger Attack : 건반을 눌렀을 때 샘플이 재생되는 시작 타임을 조정합니다.
Key Release : 건반을 떼기 전의 샘플이 재생되는 타임을 조정합니다.
Selft Masking/Repetition : 동일한 음이 연주될 때 이전 샘플의 페이드 아웃 여부를 On/Off로 결정합니다. 페이드 아웃 타임을 조정할 수 있는 Fadeout Time 슬라이더와 스타일을 선택할 수 있는 메뉴를 제공합니다. 스타일은 3가지 이며, Aggressive는 같은 음이 연주될 때 바로 페이드 아웃 하고, Repetition friendly는 0.5초가 경과 후에 페이드 아웃하고, Kill only old notes는 0.8초 경과 후에 페이드 아웃됩니다.

● Pedal
서스테인 페달의 동작 방법을 설정합니다.

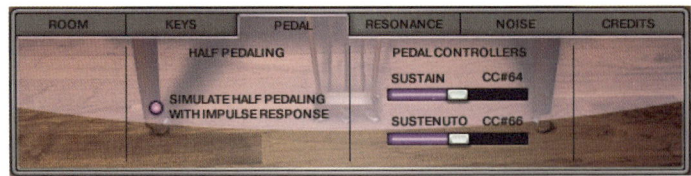

Half Pedaling : 페달은 밟는 깊이에 따라 울림 정도를 컨트롤할 수 있는 하프 페달의 사용 여부를 On/Off 합니다.

Pedal Controllers : 서스테인 및 소스테누토 페달의 지속 길이를 조정합니다.

● Resonance

어쿠스틱 피아노는 서스테인 페달을 밟으면 연주 노트 주변의 현도 같이 진동을 합니다. 이것을 교감 공명(Sympathetic Resonance)이라고 하는데, 페달을 밟지 않고도 이러한 현상을 시뮬레이션 할 수 있게 On/Off 합니다.

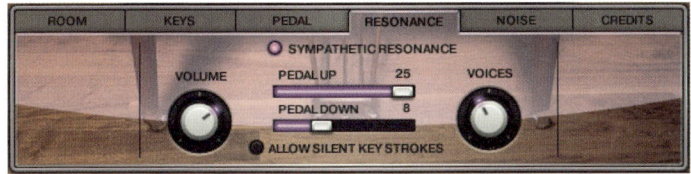

Volume : 공명 레벨을 조정합니다.
Pedal Up/Down : 페달을 밟았을 때와 떼었을 때의 주변 울림 폭을 조정합니다.
Voices : 한 번에 연주되는 최대 노트 수를 설정합니다.
Allow Silent Key Strokes : 아주 작은 연주에도 공명이 발생되게 합니다.

● Noise

어쿠스틱 피아노를 녹음할 때 발생하는 잡음을 만들어 현실감을 부여합니다.

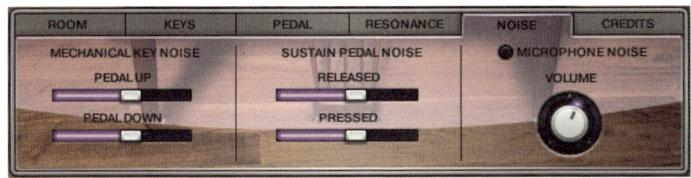

Mechanical Key Noise : 페달은 밟지 않은 상태(Pedal Up)와 밟은 상태(Pedal Dwon)에서 발생하는 건반의 잡음 레벨을 조정합니다.
Sustain Pedal Noise : 페달을 밟을 때(Pressed)와 뗄 때(Released) 발생하는 잡음 레벨을 조정합니다.
Microphone Noise : 마이크 잡음이 발생되게 할 것인지의 여부를 선택할 수 있는 버튼과 레벨을 조정할 수 있는 노브가 있습니다. 빈티지 사운드를 만드는 것입니다.

※ 사실 건반 라이브러리는 기본 설정을 그대로 사용하고, 믹싱 과정에서 디자인 하는 것이 일반적입니다. 나머지 건반 라이브러리도 모니터 해보기 바랍니다.

피아노

솔로, 앙상블, 멜로디, 리듬 등의 모든 파트에서 사용되는 피아노는 팝 음악에서 빼놓을 수 없는 악기 입니다. 곡을 편곡할 때 반드시 피아노 파트를 넣어야 한다는 고정관념을 가질 필요는 없지만, 스케치할 때 피아노만큼 유용한 악기가 없습니다. 미디가 발전하면서 편곡 공부를 위해 모든 악기를 공부할 필요는 없어졌지만, 최소한 피아노만큼은 익히길 권장합니다.

A) 음역의 사운드 특징

7옥타브+단 3도의 넓은 음역을 가지고 있는 피아노는 편곡 구성상 ① - ⑦의 음역으로 구분합니다. 물론, 여기에 제한을 두는 것은 아닙니다.

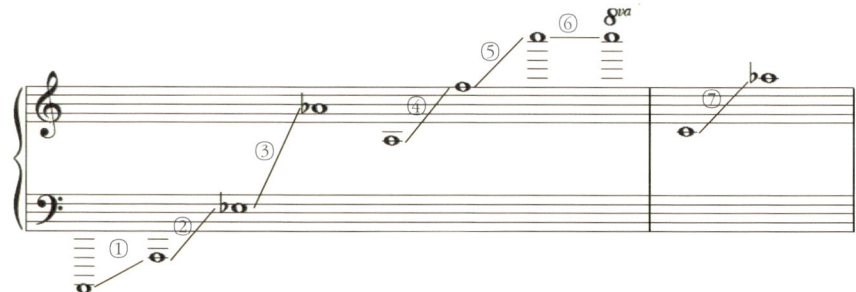

● 피아노 솔로

팝 음악이라고 해서 특별히 음역을 구분하지 않고, 클래식 독주와 동일하게 모든 음역이 자유롭게 사용됩니다. 다만, 팝에서는 어쿠스틱 피아노보다는 신디사이저라고 불리는 전자 악기나 Kontakt과 같은 VST 음원을 더 많이 사용합니다.

● 백그라운드로 블록 코드에 의해 리듬을 연주할 경우

편곡자가 음역을 지정하는 경우는 없지만, 대체로 ②-④ 음역내에서 연주합니다.

● 백그라운드로 싱글 톤에 의해 연주할 경우

노래나 솔로 악기의 백그라운드 또는 투티할 때의 필인 플레이 같은 경우로서 ④ ⑤ 음역이 효과적입니다.

● 솔로를 지정할 경우
② - ⑤ 음역이 일반적입니다.

● 애드립 솔로의 경우
특별히 음역을 지정하는 일이 없으며, 주자에게 맡겨집니다.

● 앙상블을 서포트할 경우
③ - ⑤ 음역이 일반적입니다.

● 저음 악기를 서포트할 경우
① ② 음역이 일반적입니다.

● 멜로디 또는 카운터 라인을 연주할 경우
왼손 음역이 높을 때 ⑤ ⑥ 음역이며, 왼손이 오른손 라인을 돕기 위해 ⑦ 음역 안으로 들어갈 경우가 있습니다.

B) 기보법
● 리듬 연주를 요구할 경우
보통 컴핑(Comping)이라고 하며, 오선지에 코드만 써놓고, 연주자에게 맡기는 것이 일반적입니다. 다음 악보처럼 베이스 라인을 기보하기도 하지만, 악보대로 연주하는 경우는 거의 없습니다.

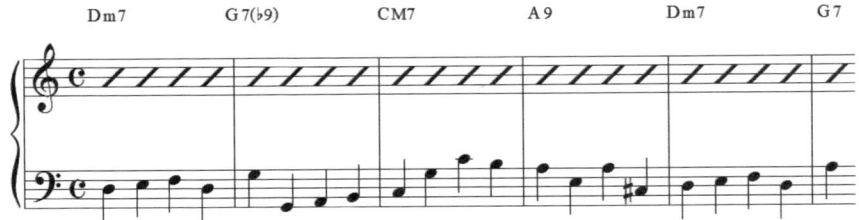

호흡을 맞춰 본적이 없는 연주자에게 악보를 전달할 때는 보컬과 같은 주 멜로디를 함께 기입해 두는 경우도 있습니다. 앞의 컴핑에 트럼펫 멜로디를 적어보면 다음과 같습니다.

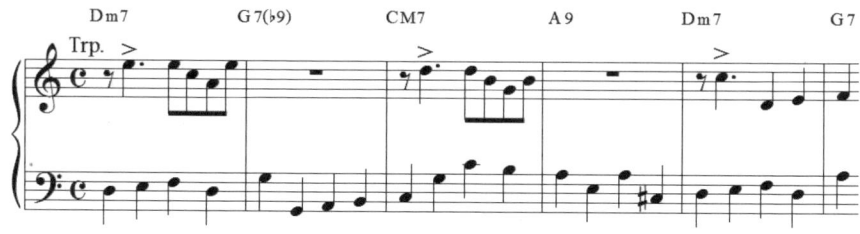

● 싱글 프레이즈의 필인을 요구할 경우

특별히 필인이 연주되길 바라는 부분에는 다음 악보처럼 Fill in 문자를 표기 하지만, 거의 연주자에게 맡겨지는 편입니다. 베이스 패턴 역시 8비트라는 것을 표현하는 것일 뿐 실제로 연주되지는 않습니다.

● 연주를 요구할 경우

팝 피아노 연주자들의 대부분은 악보에 표기되어 있는 멜로디를 연주하지 않을 때가 많기 때문에 반드시 연주되길 원하는 멜로디가 있다면, as is 라고 기입합니다.

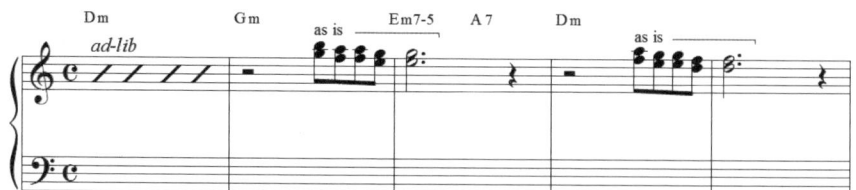

● 오른손이나 왼손이 넓은 음역으로 연주할 경우

왼손(L.H) 또는 오른손(R.H) 연주 표기를 해줘야 알아보기 쉽습니다.

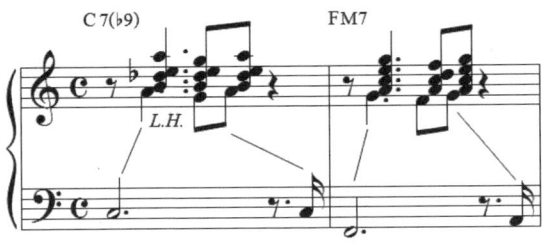

● 기보의 간략화

피아노 교본이 아니라면 악보는 가급적 간략하게 쓰는 것이 좋습니다.

위의 악보는 다음 ①과 같이 기보해도 좋고, ②와 같이 더 간략화해도 좋습니다.

왼손과 오른손이 옥타브 간격의 같은 멜로디라면 L.H. 8va Lower 또는 L.H. 2 Octava Lower 등으로 지정하면 됩니다.

편곡자는 의도하는 바를 연주자에게 정확하게 전달하는 것이 우선입니다. 필요한 경우라면 한국어 기입도 망설일 필요가 없습니다.

다음은 일반적으로 볼 수 있는 피아노 악보 입니다.

③

앞의 ① ② ③을 간략화하면 다음과 같습니다.

①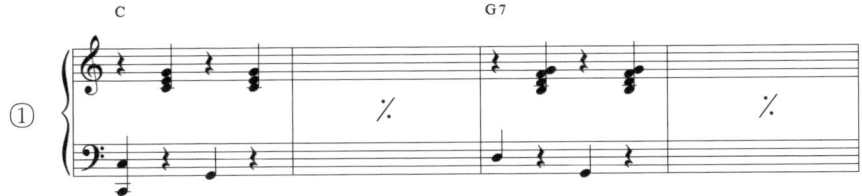

②

③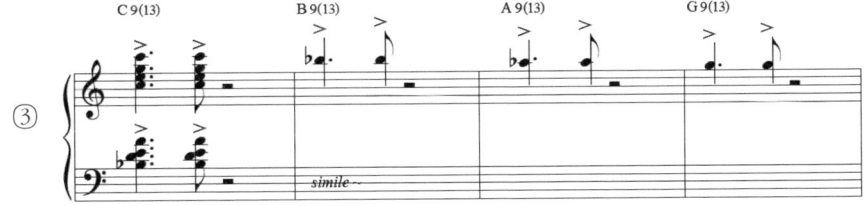

C) 피아노 패턴

● 블록 코드 패턴

반주로 흔하게 사용되는 패턴입니다.

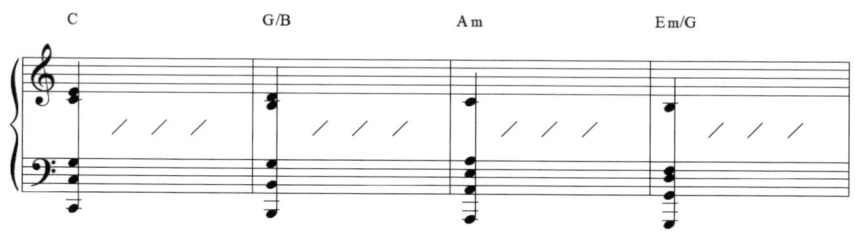

위의 바리에이션 입니다. 4비트 이지만, 16비트를 느끼게 합니다.

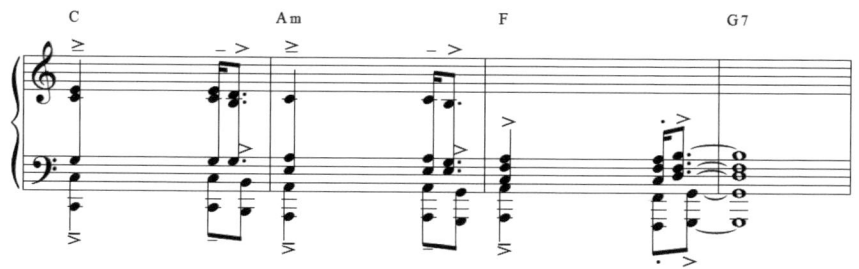

다음 악보도 같은 패턴입니다. 템포 마커로 스윙 리듬을 표기하여 연주자는 4비트의 패턴을 스윙감 있는 주법으로 연주합니다.

피아노 중심으로 리듬 섹션을 리드할 경우 블록 코드에 의한 패턴은 중음과 저음 부분으로 연주하는 것이 효과적입니다. 그러나 블록 코드의 울림에서 중량감이나 중후함보다는 어택의 느낌을 요구할 때는 중음과 고음 부분으로 연주하는 것이 좋습니다. 이 경우 비트 보다는 하나의 파트 적인 역할을 하며, 관악기의 하모나이즈와 마찬가지로 내성에 접근 음을 사용한 블록 코드로 하면 됩니다. 단, 이때는 모든 음을 음표로 지정할 필요가 있습니다.

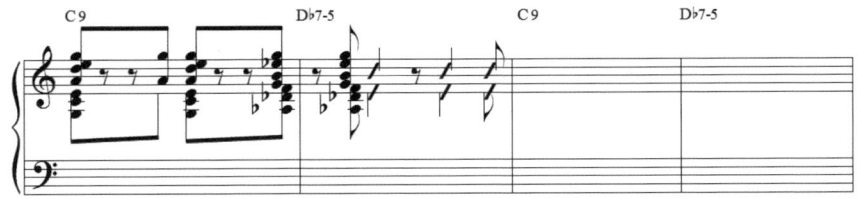

다음은 오른손과 왼손이 별개로 움직이는 컴비네이션 패턴의 예 입니다.

팝에서 자주 사용되는 컴비네이션 패턴의 몇 가지 예 입니다.

〈2비트 패턴〉

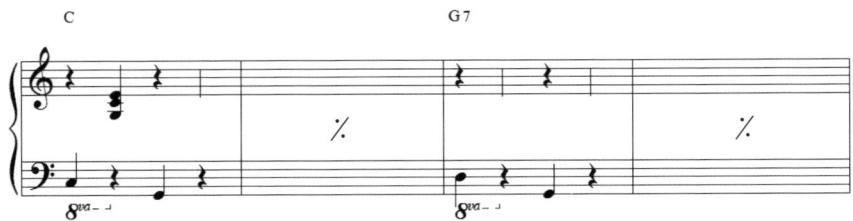

⟨in 2비트 패턴⟩

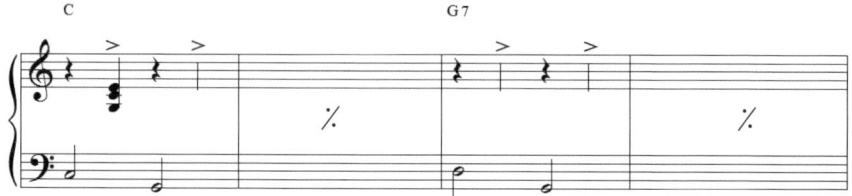

⟨in 2비트 바리에이션⟩

⟨in 4비트 패턴⟩

⟨in 4비트 바리에이션⟩

〈2비트 셔플 패턴〉

〈2비트 셔플 바리에이션〉

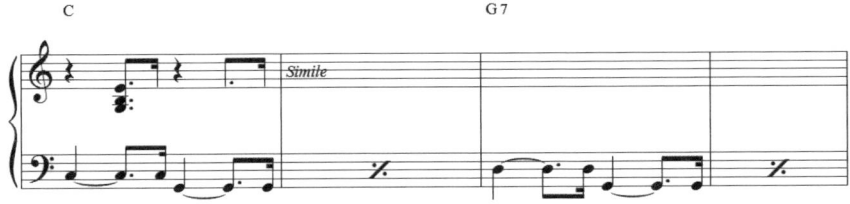

〈4비트 셔플 패턴〉

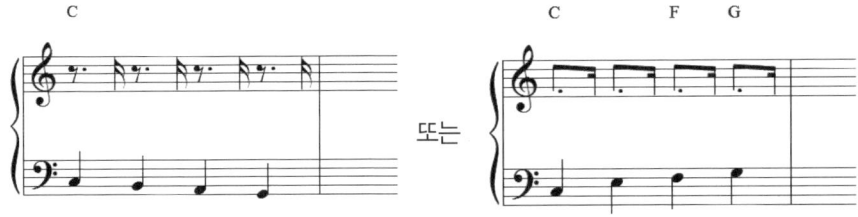

〈8비트 기본 패턴〉

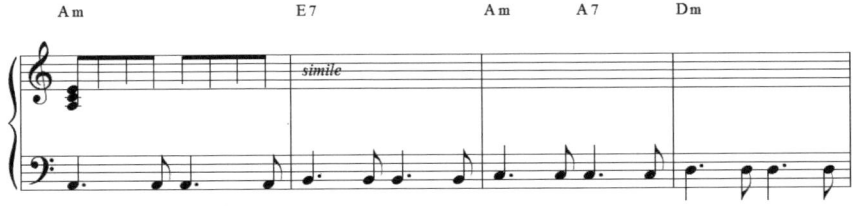

⟨8비트⟩

기본 패턴과 표기는 다르지만, 연주자는 같은 의미로 해석하게 됩니다.

⟨콘체르토풍의 패턴⟩

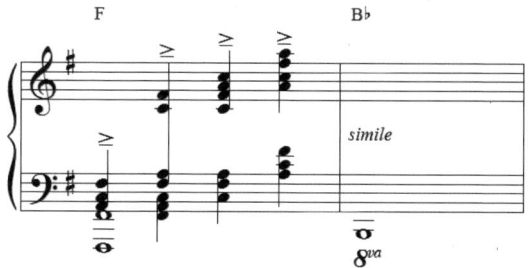

⟨재즈 왈츠 패턴⟩

⟨왈츠 패턴⟩

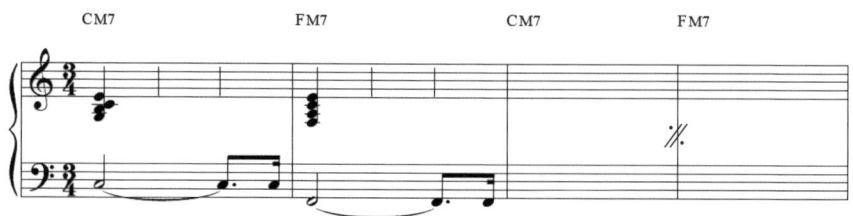

● 아르페지오 패턴

〈8비트〉

8비트의 리듬 그대로 스윙 비트를 만들 수 있습니다. 보통은 템포 마커로 표기합니다.

〈넓은 음역으로 연주되는 아르페지오〉

〈12비트〉

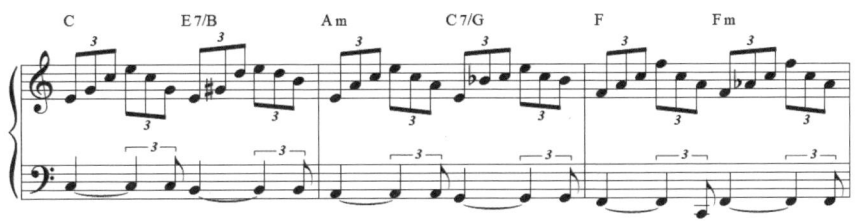

〈16비트〉

16비트는 액센트를 붙여서 패턴을 강조하는 수법이 좋습니다.

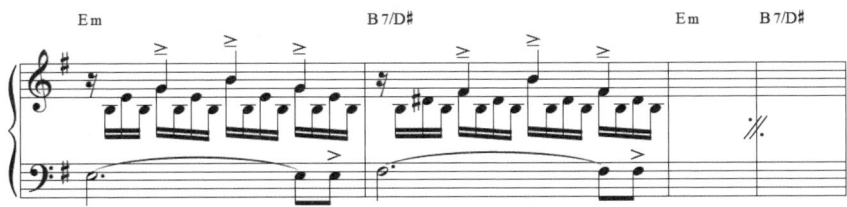

액센트 위치가 마디마다 바뀌면 연주하기 곤란하기 때문에 패턴이 결정되면 계속 같은 패턴을 쓰는 것이 좋습니다.

16비트 아르페지오 패턴은 오른손을 1옥타브내로 설정하는 것이 좋습니다.

● 혼합 패턴

블록 코드와 아르페지오 패턴을 몇 가지 살펴보았지만, 실제로는 두 패턴을 혼합하여 사용하는 경우가 더 많습니다. 이 외에도 수 많은 패턴들이 있지만, 피아노 서적이 아니므로 생략합니다. 본격적인 피아노 학습이 필요한 경우라면 〈딱! 한 곡으로 완성하는 재즈 피아노〉 시리즈를 참조하기 바랍니다.

리듬 섹션에서의 피아노

● 다른 악기와 동일 음형으로 연주되는 예

피아노는 멜로디를 탑 노트에 5성의 클로즈 하모니로 연주하고, 비브라폰이 피아노의 오른손 멜로디 라인을 연주하고, 기타가 피아노 왼손 라인을 연주합니다. 연주자 실력에 따라 크게 좌우되지만, 아름다운 사운드를 간단한 악보로 얻을 수 있다는 장점이 있습니다. 실제 연주 악보에서는 코드 네임과 탑 노트 정도만 입력합니다.

● 다른 악기의 서포트로 연주되는 예

피아노는 어택감이 있고, 주법에 따라서 레카토적인 느낌을 낼 수 있는 점이 있으므로, 이러한 특징을 살펴서 여러가지 악기의 보조로 사용되는 경우가 많습니다. 다음의 예는 플루트의 끊임 새 좋은 프레이즈에 대한 서포트 연주입니다.

바이올린의 레가토적인 프레이즈에 대한 서포트 연주입니다.

저음 악기를 서포트하기 위해서 액센트를 붙인 예 입니다.

브라스 섹션의 어택을 살린 프레이즈에 대한 서포트 연주입니다.

동일 음형으로 코드를 연주하고, 투티에 액센트를 붙인 예 입니다.

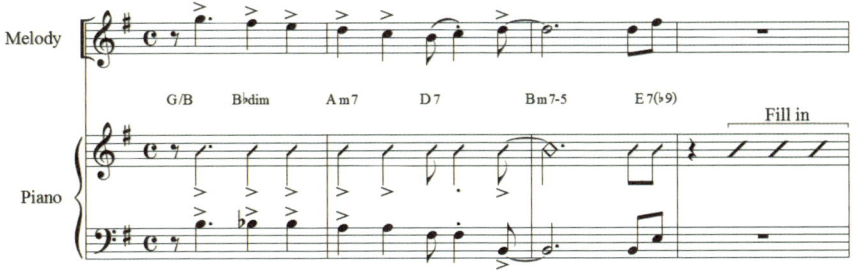

● 다른 악기와 별도의 음형으로 연주되는 예

a) 처럼 필인에서 연주자의 애드립을 요구하는 경우와 b) 처럼 편곡자가 요구하는 경우가 있습니다.

a)

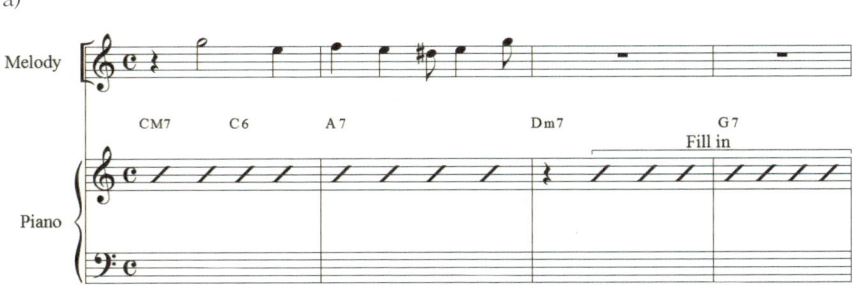

b)

베이시 엔딩으로 알려진 피아노 프레이즈 입니다.

리듬 섹션에서 다른 악기가 리듬을 새기고 있을 때 피아노는 리듬 패턴을 연주하지 않고, 코드 네임에 의한 필인 연주가 중심이 됩니다. 이 경우, 다른 섹션의 두드러진 움직임을 피아노 악보에 기입해 둠으로써 피아노 연주자가 어떤 연주를 해야 하는지 정확하게 판단할 수 있도록 해야 합니다.

● 피아노 중심으로 리듬을 새기는 예

블록 코드의 스트러밍에 의한 템포 유지와 아르페지오 패턴에 의한 템포 유지가 중심인데, 경우에 따라서는 코드 스트러밍과 아르페지오를 혼합한 것 또는 거기에 멜로딕한 라인을 추가한 것 등이 있습니다.
다음은 코드 스트러밍으로 템포를 유지하고 있는 경우입니다.

아르페지오 패턴으로 템포를 유지하고 있는 예 입니다.

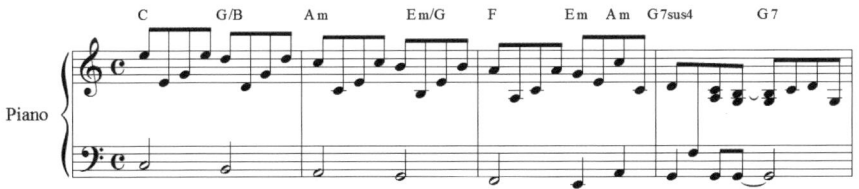

코드 스트러밍과 아르페지오 패턴을 혼합한 경우입니다.

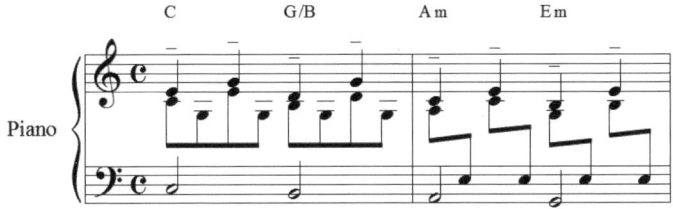

코드 스트러밍과 아르페지오에 대한 멜로디 라인을 혼합한 경우입니다.

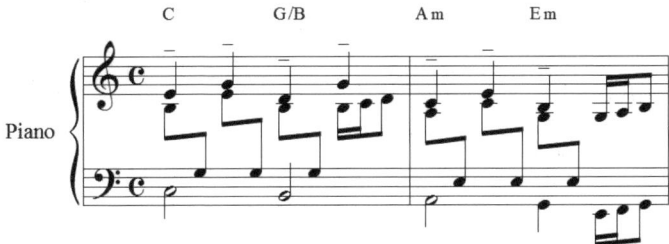

베이스 라이브러리
Electric Bass
Scarbee MM/PRE/JAY Bass

KOMPLETE는 Scarbee Rickenbacker Bass, Scarbee MM Bass, Scarbee MM-Bass Amped, Scarbee Pre-Bass, Scarbee Pre-Bass Amped, Scarbee Jay-Bass 의 6가지 일렉트릭 베이스 라이브러리를 제공합니다.

MM과 PRE는 다이렉트 박스(Di Box)를 거쳐서 녹음한 클린 사운드와 앰프 사운드를 녹음한 AMPED의 두 가지 타입이 있습니다. 보통은 클린 사운드로 작업을 하고, 믹싱 과정에서 사운드를 디자인하지만, 앰프 사운드만으로도 충분한 경우가 있으므로, 곡 작업을 할 때마다 비교해보는 것이 좋습니다.

● Scarbee MM/Pre/Jay-Bass

Pre-Bass는 Fender Precision bass, MM-Bass는 Musicman Sterling electric bass, Jay-Bass는 Fender Jazz Bass를 샘플링 한 것으로 음색만 다를 뿐 사용법은 모두 동일합니다. 현 위쪽의 흰색 점선은 연주 포지션을 나타내는 것이며, 메인 메뉴와 마지막 연주 아티큘레이션 표시 항목이 있습니다.

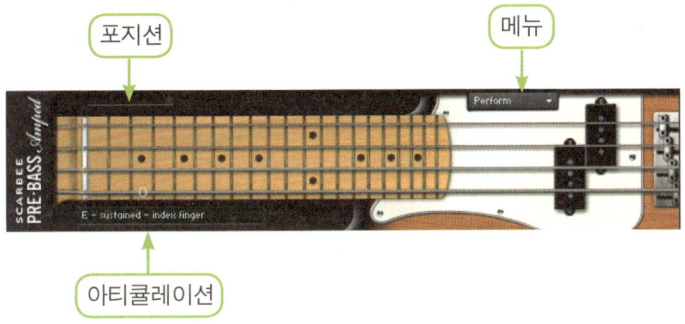

● 아티큘레이션

베이스 연주 음역은 파란색의 B0에서부터 Eb4까지 입니다. 단, E1 이하의 B0-D#1은 실제 악기에 없는 음역이므로, 현실적인 표현을 위해 사용하지 않는 것도 요령입니다. 왼쪽 주법을 선택하는 Keysitches, 오른쪽은 프렛 위치(1-20 프렛)를 선택할 수 있는 Position 구간으로 구성되어 있습니다.

Key Switches		
키	이름	역할
A-1	Sustain	서스테인 페달을 밟은 효과입니다.
A#-1	Mutes	뮤트 주법으로 연주합니다. 벨로시티 40 이하의 노트도 뮤트로 연주됩니다.

리듬 섹션 | 273

B-1	Reset	악기를 초기화 합니다. 무작위로 연주되는 릴리즈, 프렛 잡음, 픽업 히트 등의 샘플들이 매번 같은 순서로 재생되게 하고 싶을 때 곡의 시작 위치에 삽입합니다.
C0	Index finger	검지로 녹음한 샘플이 연주됩니다.
C#0	Middle finger	중지로 녹음한 샘플이 연주됩니다.
D0	D string	3번 줄에서 연주 합니다.
D#0	Chord mode	기본값 5ms 이상의 지연 노트를 코드로 인식하지 못하는 경우가 있습니다. 이때 지연값을 10ms로 늘려 코드로 인식할 수 있게 합니다. 타임은 변경 가능합니다.
E0	E string	4번 줄에서 연주 합니다.
F0	Pickup hit and tight release toggle	연주할 때 현이 픽업에 닿는 잡음 샘플 43가지와 노트가 끝날 때 재생되는 릴리즈 샘플 2가지(잡음이 섞인 Loose/ 깔끔한 Tight)의 연주 순서를 바꿉니다.
F#0	Extended hammer-on/pull-offf	노트가 겹치면 헤머링 온(Hammer-on) / 풀링 오프(Pull-Off)로 연주됩니다. 그러나 현이 바뀌는 경우에는 적용되지 않는데, 이때 같은 현에서 연주되게 합니다. 참고로 노트가 20ms-60ms으로 짧게 겹치면 그레이스 노트(Grace note)로 연주되고, 서스테인 페달은 밟으면 슬라이드(Slide)로 연주됩니다.
G0	G string	1번 줄에서 연주 합니다.
G#0	Buzz-trill / Trill	손가락을 빠르게 앞 뒤로 움직이는 버즈 트릴 및 헤머링 온/오프를 반복하는 트릴 주법을 만듭니다. 트릴은 1번 줄에서 벨로시티 59 이하, 버즈 트릴은 1번 줄에서 60 이상 또는 2번 줄에서 연주됩니다.
A0	A string	2번 줄에서 연주 합니다.
A#0	Pickup clap	픽업 위치를 때리는 사운드를 재생합니다.

● 메뉴

악기의 연주 환경을 설정할 수 있는 10가지 메뉴를 제공하며, 메뉴에 따라 설정 컨트롤러가 표시됩니다.

① Player Profile : 연주 스타일을 선택합니다.
Pop & Country - 가장 근접한 프렛으로 이동하면서 연주
Soul & Funk - 4 프렛 이상에서 연주
Rock & Retro - 6 프렛 이상에서 연주

② FX Presets : 악기에서 제공하는 이펙트 설정을 선택합니다.
이펙트는 왼쪽 상단의 편집 버튼을 클릭하면 열리는 Insert Effects 파라미터에서 사용자가 원하는 스타일로 수정할 수 있으며, FX Presets 메뉴의 Save as를 이용해서 저장할 수 있습니다.

③ EQ : Bass, Middle, Treble를 조정할 수 있는 3밴드 EQ 노브가 제공됩니다.

④ Vibrato : 비브라토의 속도(Vibrato Speed)와 프렛 잡음 레벨(Fret Noise)을 설정할 수 있습니다. 비브라토를 조정할 컨트롤러는 모듈레이션 휠(CC#1)과 에프터터치(Aftertouch) 중에서 선택할 수 있지만, 에프터터치는 건반에서 지원을 하는 경우에만 사용할 수 있습니다.

⑤ Pikup HIt : 연주할 때 줄이 픽업에 닿아서 발생하는 잡음을 설정합니다.
Ratio - 잡음이 발생하는 비율을 설정합니다. 0%에서는 발생하지 않으며, 100%에서는 모든 노트에서 발생합니다.
Default mode - 잡음 재생 모드를 선택합니다. 재생하지 않는 No pickup hits와 재생하는 pickup hits가 있으며, F0 키로 전환할 수 있습니다.

⑥ Release : 릴리즈 샘플의 재생 방법을 설정합니다.
Default mode - 무작위로 연주되는 Random mode와 잡음이 없는 Tight mode 중에서 선택할 수 있고, F0 키로 전환할 수 있습니다. Pickup hit를 기본 모드로 하면, 릴리즈는 랜덤으로 설정되며, F0 키로 두 가지 샘플을 전환하는 것입니다.
Loose/Tight - 잡음이 있는 샘플과 없는 샘플의 재생 비율을 조정합니다.
Tight 1/Tight 2 - 잡음이 없는 샘플 1과 2의 재생 비율을 조정합니다.

⑦ Chords : 코드 연주의 지연 타임을 어느 정도까지 허용할 것인지를 설정합니다.
Chord Mode - D#0 키를 이용할 때의 타임 입니다.
Normal Mode - D#0 키를 이용하지 않을 때의 타임 입니다.

⑧ Alternation : 여기서 설정한 타임 이내로 연주되는 노트는 검지와 중지로 연주한 샘플이 교대로 재생되며, 이상의 노트는 검지로 연주한 것만 재생 됩니다.

⑨ Noise Levles : 릴리즈(Release), 프렛 잡음(Fretnoise), 픽업 히트(PU hits), 픽업 크랩(PU clap) 샘플의 레벨을 설정합니다.

⑩ Controllers : 포지션(Playing Postion), 슬라이드(Silde Mode), 릴리즈(Release), 서스테인(Sustain), 픽업 히트(Pichup hit chance)를 컨트롤할 미디 정보를 선택할 수 있습니다.

그 밖의 Help는 키 스위치 정보, About 버전 정보를 확인할 수 있는 메뉴 입니다.

베이스

베이스는 우드 베이스와 일렉 베이스가 있습니다. 우드 베이스는 스윙 재즈나 보사노바, 컨트리 뮤직 등의 연주에는 빠뜨릴 수 없는 것으로 깊은 음색을 지니고 있습니다. 일렉 베이스는 우드 베이스에 비해 왼손의 운지와 오른손의 핑거링이 매우 가벼워서 상당히 빠른 프레이즈를 연주할 수 있으며, 더블 스톱에 의해 중음 연주도 가능합니다. 현재 팝 음악에서는 대부분 일렉 베이스를 사용합니다.

● 조현

베이스의 1-4현은 다음가 같이 조율되어 있으므로, 왼손의 포지션 이동시 개방현들을 사용하면 용이하게 이동시킬 수 있으며, 상당히 높은 포지션에서 신속하게 낮은 음으로 옮겨야 할 프레이즈도 키에 따라서는 가능합니다.

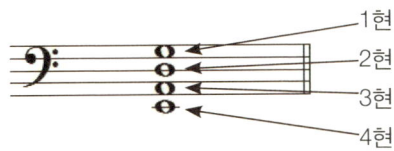

● 음역

베이스는 기보음 보다 한 옥타브 낮은 음이 나며, 앙상블에서의 베이스 노트는 실용 음역내에서 연주되지만, 고음역에서도 정확한 음정을 얻을 수 있기 때문에 멜로디 라인을 취하면서 필인 플레이를 할 경우가 많습니다.

● 리듬 섹션에서의 베이스

편곡자는 우선 효과적인 베이스 라인에 대해 생각해야 합니다. 베이스 라인에 대해서는 일반적으로 어떤 목적에서 움직일 경우와 의도적으로 움직이지 않을 경우로 구분할 수 있습니다. 또 베이스 라인의 설정에 있어서는 멜로디와의 관계와 베이스 라인 자체가 멜로딕하게 움직이고 있는지의 여부를 의식해야 합니다.

● 베이스 라인이 코드 밑음으로 움직일 경우
4도 상행의 밑음 진행이 곡의 중심을 이루고 있는 경우에는 베이스 라인이 코드 진행의 밑음으로 이루어지는 것이 가장 효과적입니다. 따라서 비트까지 지정을 해주면 베이스 연주자가 코드의 밑음을 찾으면서 연주할 수 있습니다.

● 베이스 라인이 음계적으로 움직일 경우
다음 멜로디에 있어서는 ① ②와 같은 베이스 진행을 생각할 수 있습니다. 이 경우 베이스 라인이 밑음으로 이루어지는 것은 멜로디적으로 보다 아름답지 못하므로 피해야 합니다. ①의 1마디 베이스 라인이 C-B, ②가 C-D로 움직이는 것은 멜로디가 G코드의 밑음과 충돌하므로, 베이스 노트에는 B(3음)나 D(5음)을 배치합니다. 이와 같이 코드 네임에 베이스 라인을 움직이는 것이 아니라 항상 그 멜로디에 따라 고려하고 움직여야 합니다. 베이스 라인이 음계적으로 움직일 때 코드의 밑음, 3음, 5음, 7음 등으로 될 때도 많습니다.

● 페달 포인트로 연주되는 경우

①은 5음을 사용한 페달 포인트이며, ②는 밑음을 사용한 페달 포인트 입니다.

● 다른 악기와의 컴비네이션

① 다른 악기의 패턴과 유니즌으로 사용해서 어택감과 음의 폭을 증대시킵니다.
② 브레이크 부분에서 필인 효과를 만듭니다.
③ 베이스 드럼과 같은 음형으로 움직여 타악기적 효과를 만듭니다.
④ 피아노의 저음과 유니즌으로 리드믹한 느낌을 만듭니다.
⑤ 앙상블 전체가 유니즌으로 움직이는 부분에서 속도감을 만듭니다.

드럼 라이브러리
Drums and percussion
Drumlab/Abbey Road/Studio/Maschine

KOMPLETE는 Drumlab, Abbey Road 50s Drummer, Abbey Road 60s Drummer, Studio Drummer, Abbey Road Vintage Drummer, Abbey Road 70s Drummer, Abbey Road 80s Drummer, Abbey Road Modern Drummer, Maschine Drum Selection의 9가지 드럼 라이브러리를 제공합니다. 빈티지에서부터 현대까지 시대별 드럼 세트를 모두 갖추고 있기 때문에 어떤 음악 장르든 독자가 원하는 사운드를 쉽게 만들어 낼 수 있습니다. 사용법은 모두 비슷하므로, 사운드 선호도가 가장 높은 Studio Drummer로 실습을 진행하겠습니다.

● Studio Drummer

Studio Drummer는 Groove, Options, Kit, Mixer의 4가지 탭을 제공합니다. Kit 탭은 드럼 악기의 개별적인 세팅이 가능한 컨트롤러를 제공하며, 악기는 마우스로 선택할 수 있습니다. 이때 왼쪽 상단의 Monitor 버튼을 On으로 하면, 사운드를 모니터할 수 있고, 오른쪽 상단의 Select by MIDI 옵션을 On으로 하면 건반으로 선택 가능합니다. 스네어의 경우에는 A/B의 두 가지 샘플을 제공합니다.

- Instrument : 선택한 악기를 표시합니다. 목록에서 직접 선택할 수도 있습니다. Unload 버튼을 클릭하면 해당 악기의 샘플 연결을 해제하여 시스템을 절약할 수 있으며, 해제를 한 경우에는 다시 연결할 수 있는 load로 변경됩니다.
- OH : 드럼 전체를 수음하기 위한 오버 헤드 마이크 볼륨을 조정합니다.
- Room Mix : 스튜디오 엠비언스 수음을 위한 룸 마이크 레벨을 조정합니다.
- Tune : 악기의 음정을 조정합니다.
- Attack : 사운드의 시작 타임을 조정합니다.
- Hold : 최대 볼륨이 유지되는 타임을 조정합니다.
- Decay : 사운드가 사라지는 타임을 조정합니다.

● Grooves 탭

음악 장르별 리듬 패턴을 제공합니다. 원하는 리듬(*.mid)을 찾아 더블 클릭하면 Groove 패널에 로딩되며, Play 버튼을 클릭하여 모니터할 수 있습니다. 마음에 드는 패턴은 Handle을 큐베이스 및 로직 트랙으로 드래그하여 사용합니다.

- Tightness : Grid에서 설정한 비트에 어느 정도 정확하게 맞출 것인지를 조정합니다. 중앙은 원래 패턴이며, 왼쪽으로 돌리면 느슨해지고, 오른쪽으로 돌리면 정렬됩니다. 어느 쪽이든 많은 값은 자연스럽지 않습니다.
- Grid : Tightness의 정렬 비트를 선택합니다.
- Swing : 업 비트의 위치를 조정하여 스윙 리듬을 만듭니다.
- Velocity : 연주 세기를 조정합니다.
- Tempo : 속도를 두 배 느리게 (1/2) 또는 두 배 빠르게 (x2) 조정할 수 있습니다.

● Option 탭

Studio Drummer의 환경을 설정할 수 있는 옵션을 제공합니다.

● Velocity

벨로시티의 응답 방식을 선택할 수 있는 Curve 옵션과 범위를 설정할 수 있는 Range 옵션을 제공합니다.

● MIDI Mapping

노트 별로 연결되어 있는 악기를 재구성할 수 있습니다. 기본 구성 보다 작은 61 또는 49 건반을 사용하고 있다면, 자주 사용하는 악기를 자신의 건반 수에 맞게 수정하는 것입니다. Select by MIDI 버튼을 On으로 하면 건반을 눌러 연결된 악기를 확인할 수 있으며, Instrument 및 Articulation에서 원하는 악기 및 주법을 선택하고 Apply Changes의 체크 버튼을 클릭하여 변경할 수 있습니다. Preset 목록에서 자신이 즐겨 사용하던 제품을 선택하면 자동으로 해당 악기 맵으로 구성할 수 있습니다.

● Randomize

ON 버튼으로 볼륨(Volume), 벨로시티(Velocity), 타임(Time), 피치(Pitch), 톤(Tone) 등을 무작위로 변경하여 휴머니즘을 연출할 수 있도록 합니다.

● Mixer 탭

악기의 볼륨 및 펜 등을 조정할 수 있는 Studio Drummer 전용 믹서 입니다. Preset에서 음악 장르별로 어울리는 설정을 손쉽게 선택할 수 있으며, 디스크 모양의 아이콘을 클릭하여 사용자 설정을 저장할 수 있습니다.

● Close Mics

리버브의 양을 조정하는 Send, 좌/우 밸런스를 조정하는 Pan, 그리고 솔로(S), 뮤트(M), 볼륨 페이더로 구성되어 있으며, 근접 마이크를 컨트롤 합니다.

● Kit Mics

오버헤드 스테레오(OH ST), 룸(Room), 오버헤드 모노(OH M) 마이크의 레벨을 컨트롤하며, 각각 Send, Width, S, M, 볼륨 페이더를 제공합니다.

● Buses

Send로 전송되는 Reverb는 이미지를 선택하면, 이미지 위/아래로 공간과 타임을 선택할 수 있는 메뉴가 보이며, 최종 출력을 결정하는 Master는 Send, Width, 좌/우를 바꿀 수 있는 L/R 버튼, 볼륨 페이더가 있습니다.

● Settings

채널 탭을 선택하면 아래쪽에 마이크 볼륨(Mix)과 이펙트 연결 순서(FX Routing), 아웃 라인(Channel)을 결정할 수 있는 세팅 창이 열립니다. 이펙트는 Trans, Comp, Tape, EQ 등을 제공하고 있으며, 각각의 탭을 선택하여 세부 설정을 할 수 있는 패널을 열 수 있습니다. 이펙트에 관한 설명은 생략합니다.

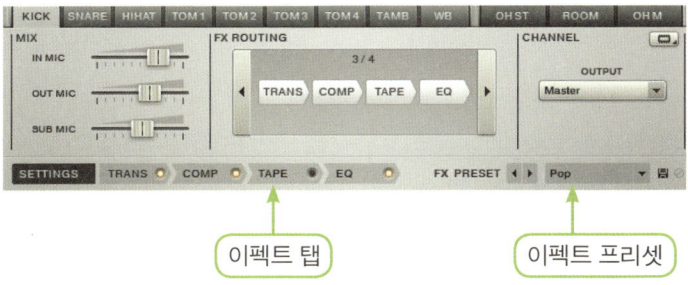

● Output

기본적으로 모든 채널의 Output은 Master로 선택되어 있지만, 믹싱 작업을 위해서는 개별적으로 출력을 해야 합니다. 메인 메뉴의 Output 도구를 선택하여 창을 열고, Add Channels 버튼을 클릭합니다

몇 개의 채널을 만들것인지를 설정할 수 있는 창이 열립니다.

Quantity에서 원하는 채널 수를 선택하고, Number of channels에서 타입을 선택합니다. 1은 모노 채널이고, 2는 스테레오 채널입니다.

Soundcard/Host output에서 시작 채널을 선택하고, Ascending output assignment 옵션을 체크하면 채널이 순서대로 연결됩니다.

Delete existing channels before creating new ones는 기존 채널을 삭제하는 옵션이고, Make this your default configuration은 현재 설정을 기본값으로 만듭니다.

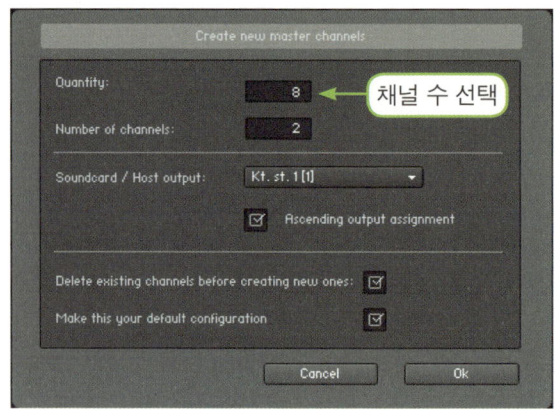

Restart 버튼을 클릭하고, Output에서 각 악기의 아웃 채널을 선택합니다.

실제 믹싱 작업은 큐베이스나 로직과 같은 호스트 프로그램에서 합니다. 큐베이스의 믹서 채널을 활성화 하는 방법은 Kontakt 오른쪽 상단의 팝업 메뉴를 열고, Activate Outputs에서 활성화하고자 하는 채널을 선택하면 됩니다.

※ 로직에서의 멀티 채널 활성 방법은 Logic Pro X 서적을 참조하기 바랍니다.

File 메뉴의 Save As를 선택하여 사용자에게 필요한 Studio Drummer 설정을 라이브 러리로 저장해두면 다음부터 간편하게 사용할 수 있습니다.

리듬 섹션 | 287

드럼

드럼은 베이스 드럼, 스네어 드럼, 스몰 탐탐, 미들 탐탐, 플로어 탐탐, 하이해트, 라이드, 크래쉬 심벌의 악기 군으로 구성된 5기통이 기본입니다. 기통은 심벌 계열을 제외한 악기 수를 의미하며, 탐탐은 하이(High), 미들(Mid), 로우(Low)로 구분하기도 하고, 베이스 드럼은 발로 연주한다고 해서 Kick 드럼이라고도 합니다.

드럼 악보는 표준화되어 있지 않기 때문에 편곡자마다 조금씩 차이가 있지만, 보통 다음과 같은 형식을 갖추고 있습니다. 실제로는 리듬 정도만 기보를 하고, 꼭 필요한 부분은 Rim, Ride, Crash 등의 문자를 써놓기도 합니다.

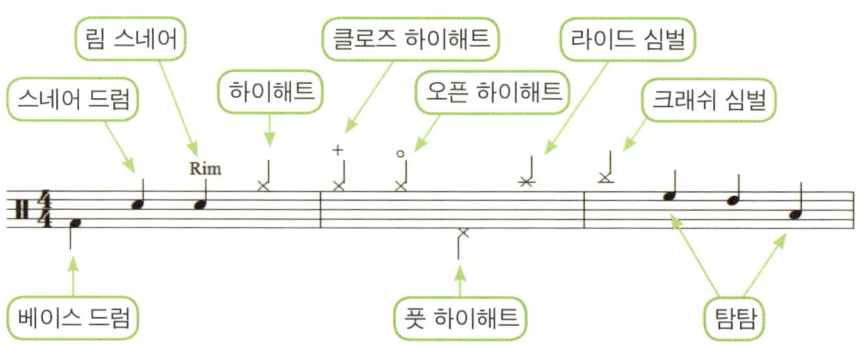

● 리듬 섹션에서의 드럼

드럼은 각각의 악기가 특유의 음색을 낼 수 있지만, 전체 곡의 리듬을 리드하는 역할을 하기 때문에 곡상에 맞추어 튜닝을 해야 만족한 결과를 얻을 수 있습니다. 악보는 비트의 종류만 지시를 하고 나머지는 연주자에게 맡기는 것이 일반적입니다. 필인을 요구할 때도 문자 표기로 연주자에게 맡기지만, 편곡자의 의도가 담겨있는 경우이거나 다른 악기의 액센트를 서포트할 때는 문자로 분명하게 표기하는 것이 좋습니다.

● 필인을 요구할 경우

● 필인을 악보로 표기하는 경우

● 베이스와의 컴비네이션

베이스 프레이즈의 액센트를 서포트하고 있는 경우인데, 문자로 악기 타이밍을 표기하여 드럼 연주자에세 편곡자의 의도를 명확하게 전달합니다.

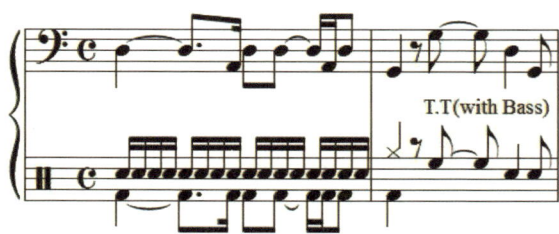

● 리듬 섹션의 구성

리듬 섹션은 하나의 음악 장르를 결정하는 중요한 역할을 합니다. 오늘날 리듬이 다양화되고, 자유로운 사운드를 추구하면서 여러 가지 악기가 결합되는 경우가 많지만, 기본 섹션은 4리듬을 바탕으로 생각해야 하며, 곡의 스타일에 따라 추가하거나 빼야 할 것입니다. 다음은 장르별로 혼하게 구성되는 편성입니다. 물론, 중요한 것은 편곡자의 기호이며, 이에 따라 다양하게 변형될 수 있습니다.

① 표준 편성
피아노나 기타 하나로 노래의 백그라운드를 연주하는 경우도 있고, 편곡자의 기호에 따라 다르지만, 가장 작은 편성의 a, b와 최대 편성 c, d, e가 일반적입니다.
a) 피아노, 베이스
b) 기타, 베이스
c) 기타 (2), 키보드 (2), 퍼커션 (2), 드럼, 베이스
d) 일렉 기타, 포크 기타, 클라리넷, 신디사이저, 라틴 퍼커션, 클래식 퍼커션, 드럼, 일렉 베이스
e) 일렉 기타 (2), 일렉 피아노, 캄보 오르간, 라틴 커퍼션, 클래식 퍼커션, 드럼, 일렉 베이스

② 피아노 중심의 보컬 배킹 (발라드)
a) 어쿠스틱 피아노, 일렉 베이스
b) 어쿠스틱 피아노, 일렉 베이스, 드럼
c) 포크 기타, 어쿠스틱 피아노, 일렉 베이스, 드럼

③ 재즈 오케스트라
일렉 티가, 어쿠스틱 피아노, 우드 베이스, 드럼

④ 로큰롤 스타일
일렉 기타, 어쿠스틱 피아노, 일렉 베이스, 드럼

⑤ 보사노바 스타일
거트 기타, 어쿠스틱 피아노, 일렉 베이스(우드), 드럼, 라틴 퍼커션, (일렉 오르간)

⑥ 소울 및 펑키 분위기의 록
일렉 피아노(클라비넷), 일렉 기타, 일렉 베이스, 신디사이저, 드럼, 퍼커션

⑦ 컨트리 분위기의 록
포크 기타, 일렉 기타, 어쿠스틱 피아노, 일렉 베이스, 드럼

⑧ 브라스 록
일렉 기타 (2), 일렉 키보드, 일렉 베이스, 드럼, 라틴 퍼커션

● 리듬 섹션의 용례

팝은 Swing, Rock, Bossa nova 등, 정형화된 리듬 패턴이 있고, 연주자에게 맡겨지기 때문에 악보를 간략하게 만드는 것이 일반적입니다. 하지만, 정확하게 연주되길 바라는 부분이 있다면, 반드시 표기를 하거나 연주자와 만나 대화를 하는 등의 커뮤니케이션이 필요한 섹션이기도 합니다.

● 뱀프의 예

뱀프의 예 입니다. a), b), c) 모두 악보대로 연주할 것을 요구하고 있지만, 드럼은 투티로 지정된 부분 외에는 연주자에게 맡겨집니다.

b)

c)

● 앙상블을 리드하고 있는 예

앞의 b)에 스트링 섹션을 추가한 경우인데, 리듬 섹션의 리드믹한 프레이즈가 강조되고, 스트링스는 백그라운드로 사용되고 있습니다.

● 배킹 섹션을 서포트하고 있는 예

앞의 예에 브라스 섹션과 색소폰 섹션을 추가하여 대 편성을 발전시킨 경우입니다. 대 편성의 앙상블을 울리려면 리듬 섹션이 리드하는 입장을 버리고, 전체를 서포트하면서 리듬을 새기는 입장을 취해야 합니다. 또 색소폰의 리드믹 필러는 쉼표가 많은 어택 느낌을 강조한 특징을 지니고 있으므로, 리듬 섹션도 수직인 타이밍을 일치시켜서 투티의 음형이나 앙상블을 갖추는 효과를 낳고 있습니다.

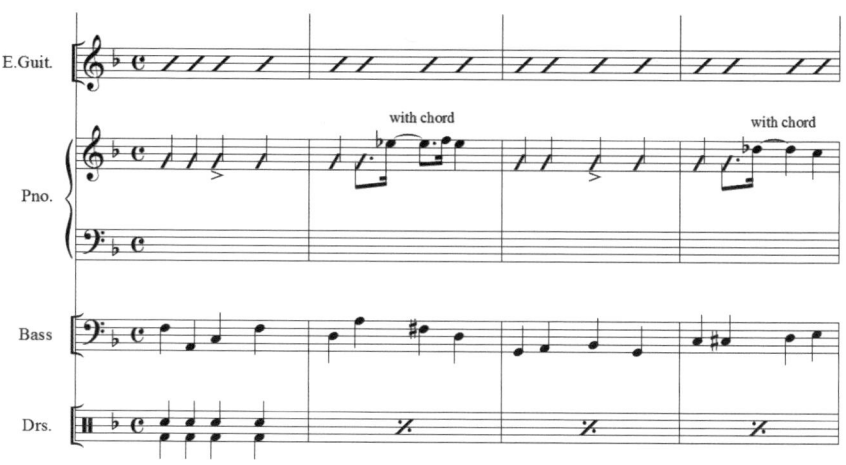

● 멜로디 라인을 서포트하고 있는 예

멜로디 라인 자체가 어택을 수반한 투티로 되어 있는 경우에 액센트 부분을 동형으로 하여 리듬 섹션이 이를 서포트하고 있습니다.

● 앙상블의 필러 라인을 서포트하고 있는 예

멜로디 라인 자체에 특별한 어택감은 없지만, 필러의 프레이징이 어택감을 수반한 것으로 리듬 섹션의 액센트를 필러의 액센트와 일치되게 하고 있습니다.

오리지널 곡의 일부이긴 하지만, 170여 곡의 예제를 통해서 악기별 편곡 수법에 관해서 살펴보았습니다. 반드시 Kontakt을 이용해서 작업을 해보고 사운드를 모니터 해봐야 편곡 능력을 향상시킬 수 있다는 것을 명심하기 바랍니다. 요즘에는 인터넷을 통해 풀 악보와 음악을 자유롭게 구할 수 있기 때문에 마음만 먹으면 본서를 통해 다져진 기초를 바탕으로 좀 더 다양한 기법들을 연구하고 깊이 있는 학습이 가능할 것입니다. 다만, 우려가 되는 것은 너무나 많은 자료를 쉽게 구할 수 있기 때문인지 배움에 대한 가치가 하락하여 수박 겉핥기식으로 끝내는 학생들을 많이 봅니다. 물론, 세상에는 몇 안 되는 천재들이 존재하기는 하지만, 대부분의 학생들에게는 반복하고 또 반복할 것을 권장하며, 본서가 어렵게 공부하는 독학생들에게 작은 도움이 되길 바랍니다.

최이진 실용음악학원 (02-887-8883)

학원 선택?
누구에게 배울 수 있는지가 중요합니다!

전 세계 유일의 특허 화성학 저자 최이진에게 직접 배울 수 있는 곳!
EJ 엔터테인먼트 전속으로 졸업생 모두 음악 활동이 가능한 곳!

수강 과목 (입시/취미/연습반)

보컬	입시반과 연습반으로 운영되고 있으며, 연습반 졸업생은 EJ 엔터테인먼트 전속으로 음원 및 방송 활동 기회를 제공합니다.
작/편곡	전 세계 유일 작/편곡 이론 특허를 가지고 있는 노하우로 그 어떤 학교나 학원에서도 배울 수 없는 수업을 접할 수 있습니다.
재즈피아노	수 많은 프로 연주자를 배출한 교육 시스템으로 초, 중, 고급 개인차를 고려한 일대일 맞춤 수업을 진행합니다.
컴퓨터음악	실용음대에서 표준 교재로 사용되고 있는 저자의 일대일 수업. 큐베이스 및 로직의 실무 작업 테크닉을 배울 수 있습니다.
디제잉/패드	초급부터 화려한 테크닉을 익히고 싶은 프로까지 개인별 목적에 맞추어 올바른 디제잉 길로 안내합니다.
기타/베이스	포크, 클래식, 재즈, 일렉 스타일별 맞춤 교육. 십 년 이상의 공연과 수 많은 앨범 세션 경험을 바탕으로 한 실무 테크닉.

위치 : 2호선 서울대입구역 8번 출구

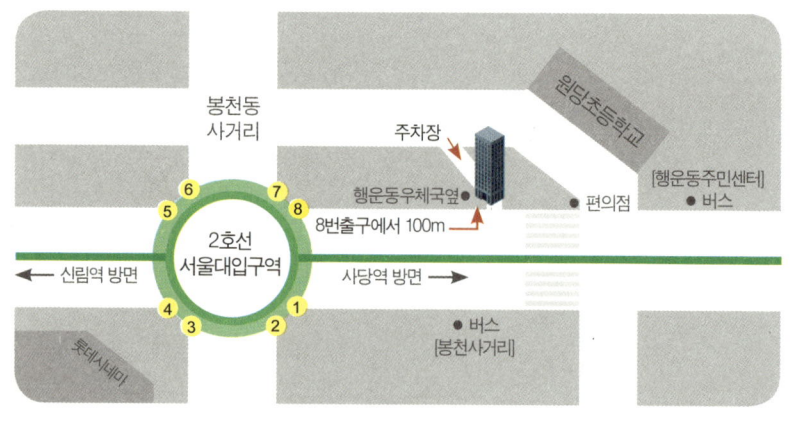